遊廓と日本人

田中優子

講談社現代新書

2638

はじめに

ジェンダーから見た遊廓の問題

この本は「遊廓」についての本です。日本の遊廓は一五八五年から一九五八年まで三七三年間にわたって続きました。それほど長い歴史を持ってはいるのですが、ここでは一種の街である「廓《くるわ》」を形成し、日本の文化に深く関与した江戸時代（一六〇三〜一八六七）を中心にします。また、全国に二五ヵ所以上あった公認遊廓の中でも、江戸の吉原遊廓を事例として、皆さんに遊廓を案内します。

さて、本論を始める前に読者の皆さんにお伝えしたい大事なことがあります。それは、**「遊廓は二度とこの世に出現すべきではなく、造ることができない場所であり制度である」**ということです。

なぜなら、遊廓は江戸時代の文化の基盤であり、力の源泉でもありましたが、とても大きなお金が動く世界だったからです。これから遊廓の一年、その年中行事、遊廓の一日、遊女とはどんな人たちか、遊廓に来る客のことなど、さまざまに述べますが、それはたいへん豪奢な世界です。その豪華と活気を支えるために、多額のお金を払う人たちがいました。大店《おおだな》の経営者や大名たちで、「お大尽」と呼ばれました。

お金を払う人たちがいるということは、お金を受け取る人がいたということです。お金を受け取るのは遊女ではありません。遊女屋（妓楼）の抱え主（経営者）でした。もちろんその他の組織もお金を受け取るのですが、それについてはのちほど詳しく書きます。

なぜ遊女はお金を直接受け取れないのか？　それが、「遊廓は二度とこの世に出現すべきではなく、造ることができない場所であり制度である」ことの理由です。遊女はその家族が抱え主から「前借金」をし、その家族のひとりである女性が遊女となって借金を返す仕組みでした。したがって、借金返済が終わるまでにやめることも逃げることもできませんでした。厳重な監視下に置かれることもありました。売買されるわけではないので奴隷ではありませんが、「借金のかた」「抵当」として自由が奪われていたことは確かで、そのような方法は人権侵害にあたります。

なぜこの方法によってしか遊廓が成り立たなかったのか、なぜ女性の自由な働き方で経営ができなかったのか、それは単に経済の問題としてではなく、ジェンダーの問題として考えなくてはなりません。結論から言えば、多くの仕事の選択肢があって、遊女もそのひとつだった場合、ほとんどの女性は遊女を仕事として選ばないであろう、ということです。

第一に、遊女として働いても、キャリアの積み重ねになりません。遊女として働いていた履歴は次のステップにつながるどころか、むしろ全く異なる仕事に就くことが困難になるでしょう。同じ世界の中で、たとえば「遣手」というマネージャーになったり貸座敷を経営したり、遊女屋そのものを経営することはあり得ますが、外に出ることは難しいです。

第二に、仕事の能力はあるていど年齢とともに上がっていくもので、社会の変化によってそれが難しくなった場合も、学び直しによって新たな能力を身につけることができます。しかし遊女という仕事は年齢が若い時しか価値を認められず、年齢によって価値が落ちていきます。これでは成長の意欲につながりません。

第三に、病と暴力の危険に常にさらされています。梅毒は近代以降に検査体制が確立されましたが、それまでは運に任されました。また遊女は人前で食事をすることができませんので、台所で素早く掻き込むような食生活をしていました。豪華な座敷や衣装があったとしても、飲食や旅行を楽しみながら健康を維持する生活とは程遠く、若くして亡くなる遊女も少なくありませんでした。

また、客の中には遊女を乱暴に扱う客も、お金の力で言うことをきかせる客もいたでしょう。高級な遊女屋ではそういう客を見分け、入れないようにしていましたが、河岸店《かしみせ》と言われるお歯黒溝《はぐろどぶ》沿いに並ぶ小さな店には、どんな客が来るかわかりません。遊廓は高級で豪奢な面ばかりでなく、危険もたくさんあったのです。

第四に、真剣な恋愛をしたとしても、相手にお金がなければ借金を返済してもらって請け出してもらい、結婚するということにはなりません。年季が終わるまで待つ場合は、恋人とは別の男性たちとできるだけ多く床をともにして年季が伸びることのないようにしなければなりません。その苦痛と相手の男性の経済事情があいまって心中する事例もありました。

選ばれない仕事に女性たちを就かせるために、前借金の制度は使われていたと考えられます。これは、今日におけるジェンダーの問題を考える上でも、非常に重要です。

権力やお金の力で言う通りにさせる男性の行動とその被害は、ハリウッドを発端に#MeToo運動として世界に広まりました。東京五輪の組織委員会をはじめさまざまなところで、地位のある男性たちが女性への偏見と蔑視を平然と表現し、間違っていると思っていません。政治家や会社役員における女性の割合が先進国の中で極端に低いことは、誰でも知っている日本の特徴になりました。

そして二〇二〇年からのコロナ禍の中で、多くの非正規社員の女性たちが職を失い、ホームレスになり、路上で殺されることさえ起こりました。女性と男性の賃金格差、就労の格差、地位の格差は、現代の問題でもあるのです。

なぜそれを克服してくることができなかったのか？　そして吉原が消滅した戦後から今日まで、女性は仕事という側面において、なぜこうも選択肢が少ないのか？　なぜ非正規社員という働き方を余儀なくされるのか？

これらは家族制度への、日本人の固定化された発想とも深い関連があります。個々人がそれぞれの能力を伸ばし、自立した生活を送り、それによって充実感を持ち、その状況を支え合うのが家族のはずですね。家庭が負っている労働の側面を押し付け合うのが家族ではありません。遊廓は、家族が生き残るために女性を、誰も選びたくない仕事に差し出す制度でした。そのことの意味を考え、同じようなことを今日の私たちはしていないのか、と立ち止まる必要があると思います。

いま「遊廓の歴史」を考えるということ

本書を刊行する理由は、そのような現代の問題を考えて欲しいからでもありますが、それだけではなく、二つの面で、遊廓に対して持ってしまいがちな誤解を解くためでもあります。

ひとつは、大正・昭和の吉原のイメージから、単なる娼婦の集まる場所と考える誤解です。この後、具体的に書いていきますが、遊廓は日本文化の集積地でした。書、和歌、俳諧、三味線、唄、踊り、琴、茶の湯、生け花、漢詩、着物、日本髪、櫛かんざし、香、草履や駒下駄、年中行事の実施、日本料理、日本酒、日本語の文章による巻紙の手紙の文化、そして遊廓言葉の創出など、平安時代以来続いてきた日本文化を新たに、いくぶんか極端に様式化した空間だ、と言えるでしょう。

しかしもう一方の面から言えば、華やかな面だけでなく、前借金をはじめ、お金にからむさまざまな問題や、遊廓内の格差つまり高位の花魁から場末の遊女まで、暮らしの様子は決して同じではなかったという面、性病対策が必要な空間だったという面、客たちが贅沢な飲食をしている一方、遊女たちは酒はともかく、健康に必要な食生活を得られなかったという面などは、見逃してはならないでしょう。

漏れ聞くところによると、二〇二一年末に放送が始まる人気アニメ『鬼滅の刃』第二期では遊廓が舞台になり、親御さんたちは子供にどう説明すれば良いかわからないそうです。ぜひ本書をお読みになることで、二つの側面を説明してあげてください。

ひとつは遊女が、江戸時代当時の一般の人々でもなかなか身につけられなかった伽羅という輸入香木を、着物と髪に焚きしめ、とても良い香りを放っていたこと。和歌を勉強し、自分で作ることができたこと。漢詩を勉強する遊女もいたこと。書を習い、墨で巻紙に手紙を書いていたこと。三味線を弾き、唄い、琴を弾く遊女もいたこと。生け花や抹茶の作法を知っていたこと。遊廓では一般社会よりはるかに、年中行事をしっかりおこない、皆で楽しんでいたこと。それによって日本文化が守られ継承されたという側面は、ぜひ伝えてください。

そしてもうひとつは、遊女は、家族が借金をしてそれを返すために遊廓でおつとめをしていて、地位の高い男性のお客様をもてなすために高い教養を持っていたけれど、同時に、借金を返すために男女関係を避けることができなかったことです。それを目的に来る客たちもいたことを伝えて欲しいと思います。女性が全人格的にではなく、性行為の対象としてのみ見られることは、今日では許されないことも、ぜひ伝えて欲しいと思います。

目次

第三章　遊女とはどんな人たちか？——39

第四章　男女の「色道」と吉原文化　59

第五章　吉原遊廓の三六五日　89

第一章　吉原遊廓の誕生

「幕府公認」だった遊廓

本書の冒頭でも書きましたが、この本では江戸の吉原遊廓を中心にして、遊廓の繁栄と衰退の「忘れられた日本史」を紐解いていこうと思います。

なぜ江戸時代を中心にするかと言えば、江戸時代において「幕府公認」という考え方が生まれたからです。江戸では吉原だけですが、幕末になると江戸の根津遊廓も幕府公認になります。他の地域において幕府公認だったのは、大坂の新町、京都の島原、伏見の撞木《しゅもく》町《まち》と柳町、大津の馬場町、駿河の府中、奈良の木辻鳴川《きつじなるかわ》と小網町、敦賀の六軒町、越前の三国、佐渡の相川、堺の高須と南津守、神戸の磯ノ町、播磨の室津《むろつ》、備後の鞆《とも》、安芸の宮島、広島の多々海、石見の温泉津《ゆのつ》、下関の稲荷町、博多の柳町、長崎の丸山、肥前の樺島、薩摩山鹿野の田町などです。これらは藤本箕山著『色道大鏡』に見える遊廓ですので、一六七八年の記録です。

大坂、京都は日本の三都のうちの二都で、大都市です。佐渡の相川、石見の温泉津は、鉱山があって全国から人が集まったところです。長崎の丸山は、貿易で人が集まり、中国人やオランダ人、オランダ東インド会社船に乗ってくるその他のヨーロッパ人やアジア人などが客でした。堺、神戸、室津、鞆、安芸、博多は船の行き来が多く、人の往来が盛んなところです。

遊廓以前に存在していた「遊女」

平安時代にはまだ遊廓というものがありませんでした。しかし遊女はいました。江戸時代のように都市に「廓」を作っていたのではなく、船で移動しながら楽器を奏で、唄を唄い、夜は枕を並べたのです。

大江匡房（一〇四一～一一一一）が『遊女記』を著していますが、その中では淀川の河口にあった「江口」と、尼崎の「神崎」と、神崎川の対岸にある「蟹島《かしま》」のことを書いています。これらの場所は船の行き来が激しく、多くの人口を抱えていました。

江口の最初の遊女は「観音」という名前で、中君《なかのきみ》、小馬《こま》、白女《しろめ》、主殿《とのもり》などという遊女がそれに続いたと言います。蟹島の遊女は宮城が最初で、如意、香炉、孔雀、立枚などがいました。神崎では河菰姫《かこひめ》が最初の統率者で、孤蘇、宮子、力命、小児などがいたそうです。

遊女たちは船で移動しながら美しい調べを奏で、その歌声は美声で知られるインドの黒ほととぎす「倶尸羅《くしら》」のようだと書いてあります。

遊女たちは廓に閉じ込められているのではなく、「長者」と呼ばれる統率者によって束ねられ、呼ばれるとそこに派遣されたのでしょう。太政大臣たちが参詣などにやってくるときに、それぞれ遊女を呼んでいたことも書いてあります。遊女は絹や米を受け取っていたようです。

ここからわかるのは、遊廓より遊女の存在の方が古く、遊女は芸能者であったことです。昼に美声を聞かせ、夜に呼ばれて床入りをするのです。これは後に「かぶき者」が出現したときも、舞台は神社や川べりや船と多様化しますが、同様でした。

「女かぶき」の禁止と吉原遊廓の成立

ところで、公認の遊廓が作られたのは、一五八五年の大坂の島之内においてでした。後に道頓堀に移り、さらに新町に移って、長らく新町にありました。京都では一五八九年に原三郎左衛門が二条万里小路に遊里を開きました。このころから四条河原では、一年に二～三度ずつ芝居をかまえ、乱舞・仕舞によって遊女たちが能太夫、舞太夫を務めたと言います。このころはもう船ではなく、野外ではありますが常設の舞台です。まさに芸能者としての遊女が、陸に上がって本領を発揮していたわけです。

一六〇二年、京都の遊里が六条柳町に移りました。佐渡島座という芸能の座がこの六条柳町より起こり、四条河原で踊っていました。むろん、遊女が芸を務めたはずです。このころ、出雲の阿国が「ややこ踊り」をさまざまなところで展開していました。

一六〇三年、江戸幕府が開かれた年に、阿国を中心とする一〇人ほどの芸能集団が、北野天満宮で歌舞伎の起源である「阿国かぶき」を上演していました。阿国が男装し、男性が女装をして演じるいわばミュージカルです。ただしこのころはまだ三味線が使われていません。能と同じ鼓や大鼓（おおかわ）、笛が用いられていました。

これをきっかけに、六条柳町の遊女たちが四条河原の舞台で阿国を真似て「傾き（かぶき）踊り」を始めます。「傾き踊り」は宮廷にまで招かれ、たいへんなブームを引き起こしていくのです。浮舟という遊女が宮廷に招かれて能を演じる、ということも起こりました。

そして一六〇八年、いよいよ、初めて三味線が導入されました。三味線を弾く「和尚」と呼ばれる遊女を中心に、複数の遊女が、輸入の香木である伽羅を焚きしめた鮮やかな中国製の絹織物の着物を着て、踊りまわるのです。その劇場いっぱいに広がる伽羅の香り、音、リズム、色に、多くの人が夢中になりました。この熱狂が後に、「女かぶき」の禁止につながったのです。

この騒ぎは京都だけではなかったようです。一六〇七年には徳川家康が駿河からかぶき女を追放したからです。次の年、江戸でも舞台に立つ多くの遊女が追放されています。一六一二年には、幕府はかぶき者約三〇〇人を逮捕、処刑しています。これは遊女たちではなく、阿国と遊女たちがその姿を真似た男性のかぶき者たちでしょう。しかし、これらのかぶき者や女かぶきの人気が引き起こした騒乱が、吉原遊廓成立のきっかけだったのです。

一六一二年、庄司甚右衛門という者が町奉行の米津甚兵衛に、公認の傾城町《けいせいまち》がないため治安が悪い、と訴えたのです。確かにその通りでした。翌年、京都の葛城太夫のかぶき踊りが江戸で人気を得ます。三味線は江戸でも鳴り始めました。一六一六年、駿河と江戸では女かぶきを禁止しますが、そう簡単に消えはしなかったようです。

このころイギリス商館長のリチャード・コックスは日記に、松平忠直が「かぶき」を買ったこと、ある武士が「かぶき」を盗んで逃げようとして最後に自害したこと、また同じ年に江戸で接待を受けたとき彼らを泊めた商人が「かぶき」を呼び、踊らせ唄わせ同衾させたことを記しています。宮廷ばかりか武家をも巻き込んで、「かぶき」たちは大活躍でした。

とうとう一六一七年、のちの御評定所にあたる役所は庄司甚右衛門を召し出して、現在の日本橋人形町に遊廓設立の許可を与えたのでした。翌年、葭を刈って葭原を吉原と改め吉原が開設されました。これが元吉原です（その後、浅草に移転して「新吉原」と言われるようになります。第二章で改めて触れます）。柳町の遊女たちが移転し、江戸町となります。鎌倉河岸の遊女たちが移転し、江戸町二丁目と本柳町となります。麴町の遊女たちが移転し、京町となります。大坂、奈良から遊女たちが移転し、新町となります。京橋角《すみ》町から遊女たちが移転し、角町となりました。

さて、こうして元吉原ができました。一六二四年には中村勘三郎が芝居取り立て願いを許可され、中橋南地に櫓を上げます。これが「若衆歌舞伎」の始まりでした。いよいよ一六二九年、女かぶき、女舞、女浄瑠璃が禁止されます。一六三二年には中村勘三郎の猿若座が中橋から禰宜町（堺町・葺屋町）に移転し、元吉原と隣接することになりました。京都では一六四一年、京都六条三筋町の遊女が島原へ移転させられ、島原遊廓が成立します。こうして一六三〇年前後に、女性を排除した芝居町と、女性だけの遊廓が成立したのです。

芝居町は堺町、葺屋町という町が隣りあっていて「二丁町」と呼ばれ、現在の人形町にありました。一八四一年からは、少し離れていた木挽町の森田座も一緒に、浅草寺裏の猿若町に越し、江戸三座が同じ町で興行したのです。この町の中には人形浄瑠璃の劇場もあり、役者や太夫も暮らしていました。お客のための芝居茶屋が軒をつらねていましたが、それだけでなく、生活空間でもあったのです。風呂屋や八百屋やふつうの食べ物屋もあり、芝居町だけで生活が成り立つ、やはり遊廓と同じ、江戸の中のもうひとつの都市、つまり入れ子状の町だったのです。

吉原と芝居町、この二つの町は両者とも「悪所」と呼ばれていました。その二つの悪所は、最初はひとつだったのです。

なぜ「吉原遊廓」が重要なのか

年代を追っていくと、あることに気づきます。それは、遊廓の成立と芝居町の成立が、海外との交易体制の整備（いわゆる「鎖国」）と参勤交代の確立の時期と重なっていることです。

一六三三年に奉書船以外の日本船の渡航、帰国が禁じられました。同じ年にオランダ商館長の江戸参府と、アイヌのウイマム（御目見得）が始まります。一六三四年には、琉球国王の謝恩使（使節）の制度が始まりました。長崎の町役人による出島の構築も着手されます。一六三五年には、すべての船の海外渡航と帰国を禁じました。そして「参勤交代」が始まったのです。一六三六年には、出島の構築が終わり、ポルトガル人が集められます。そして正式な朝鮮通信使が来日するようになりました。

このように、江戸幕府は開かれてから約三〇年後に、江戸時代独特のガバナンス体制を整え、江戸の町は参勤交代によってその後は急速に人口が増加し、世界でもっとも大きな都市になるわけです。遊女については、もっと長い歴史の中で見ていくことができますが、遊廓はこの江戸時代に、幕府公認のもとで庄司甚右衛門が土地を与えられて成立し、遊廓としての文化と様式を整えたのです。そのような理由で、江戸時代の遊廓について述べることは、「廓」の文化を伝える上で必須と考えています。

なお、すでに述べたように江戸時代には全国に二五ヵ所以上の公認の遊廓がありました。もっとも早く発達した遊廓は京都と大坂の遊廓でした。しかし本書では主に、江戸の吉原遊廓について書きます。

なぜなら、吉原が芝居町と互いに補い合い均衡を保った唯一の遊廓であり、もっとも遊女の人数も客の人数も多かったからです。また全国から遊女が集まることで、多様な言語を標準言語にまとめるための「遊廓言葉」が発達したのも、吉原遊廓においてでした。

京都と大坂の遊廓は江戸時代初期の著述の主な舞台になりましたので、『色道大鏡』や『好色一代男』『好色二代男』などは当然、参照しますが、一八〜一九世紀を通じて文芸ともっとも深く関わったのは、吉原遊廓でした。京都・大坂の遊女に比べても吉原の遊女は贅を尽くし、それが日本橋を中心とする呉服業界の大きな収入源にもなって、経済をまわしていました。

さらに言えば、吉原遊廓があったからこそ、日本でもっとも優れていた吉原の芸者衆が、明治以降の日本文化に大きな影響を与えたのです。以上の理由で、多くの遊廓の中で江戸吉原を中心に見ていきたいと思います。

第二章　遊廓とはどういう場所か？

遊廓の空間

さて、では遊廓とは実際にどういう場所だったのでしょうか？

吉原遊廓は、畑の中に人工的に作られた四角い町で、現代で言えばテーマパークといったところです。遊廓の「廓（かく、くるわ）」とは、囲われて独立した区域という意味です。

江戸時代の浅草に、寺の領地や入会地（さまざまな村の共有地）が集まった地域がありました。現在の東京都台東区千束四丁目にあたります。そこに造成されたのです。正式には「新吉原」と言われました。なぜ「新」なのかというと、第一章でも述べたように最初は現在の日本橋人形町に造られ、そこから浅草に移転したからです。人形町の遊廓を「元吉原」と呼びます。

新吉原の大きさは、時代によって変わりますが幕末から明治期では、地図で見ると約二七〇メートル×三六〇メートルです。とても小さな町ですね。町の周辺には、まるで城廓のように堀がありました（図2－1）。しかし江戸城の堀のように二重にはなっていませんし、ごく狭い堀です。幕末では三六〇センチほど、明治末にはその四分の一になり、やがて消えました。明治時代に書かれた樋口一葉の『たけくらべ』には、跳ね橋を使って渡るシーンもあります。

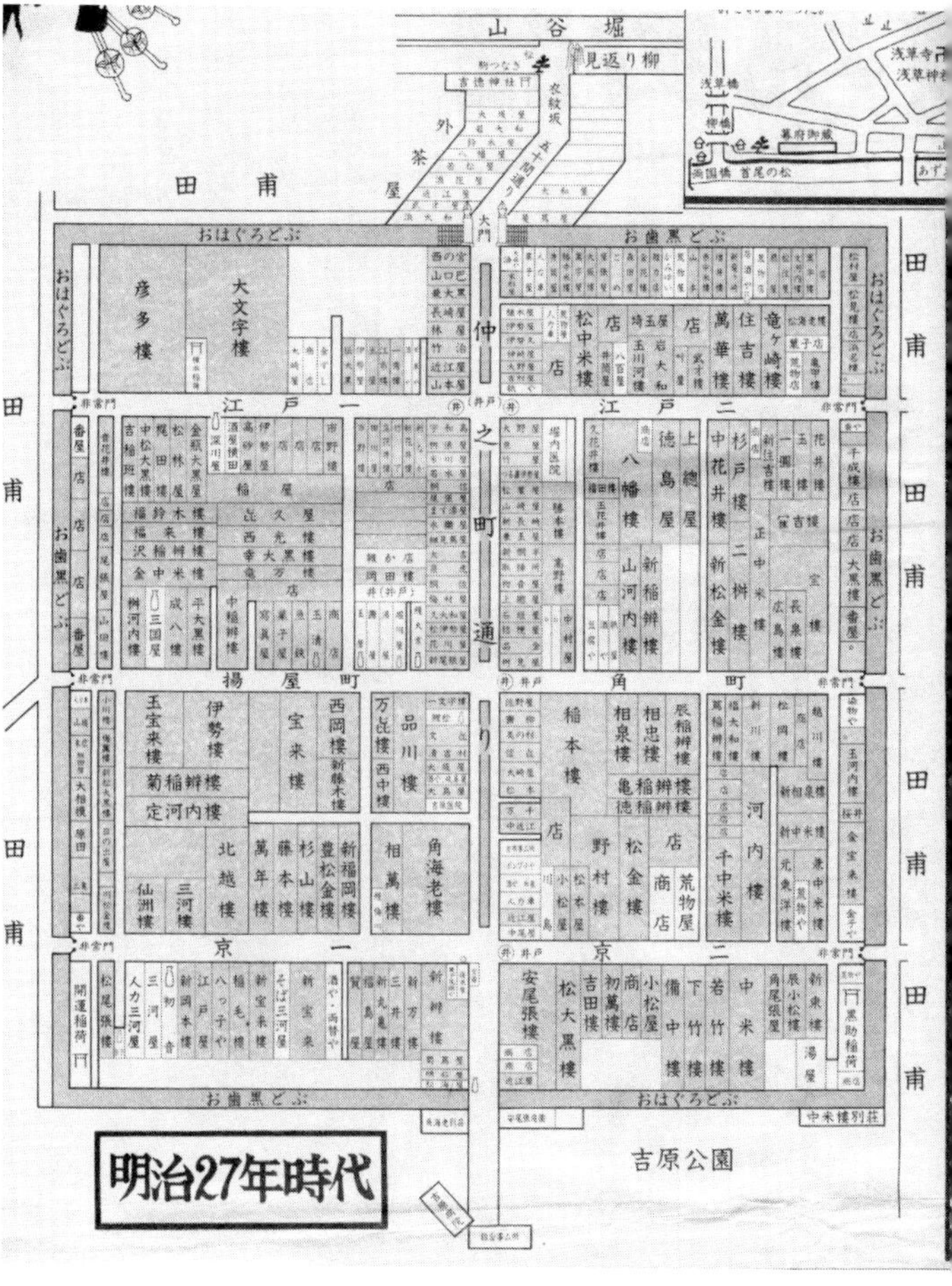

図2-1　1984年・葭之葉会発行の吉原地図『吉原現勢譜・今昔図』

その堀で囲まれた廓の中に、遊女たちを抱えている抱え主が経営する、傾城屋、女郎屋なども呼ばれていた遊女屋（妓楼）がありました。江戸初期から一七六〇年ごろまでは挙屋（揚屋）という、遊女を遊女屋から呼んで遊興する店がありました。やがて吉原では消滅し、遊女屋が挙屋を兼ねました。

そして客の予約や食事や休憩の場である「茶屋」という重要な場所がありました。そこで客は着替えをしたり、食事をしたり、芸者を呼んで宴会をしたのです。その後、遊女屋に上がって、さらに遊女と飲み、床をともにしました。これらの組織が、遊廓と遊女の美麗や品格や高度な遊興を維持するために、呉服屋、香木屋、髪結い、櫛こうがい業者、生花業者、化粧品業者、芸者衆、仕出屋、絵草紙屋そして多くの従業員に金を支払い、そのお金が江戸を巡ったのです。

客は遊女に会うためにその遊女に支払っているつもりですが、抱え主はすでに遊女の家族にまとまった金を渡しており、その借金の返済金を、客の支払いから計算します。返済金が借金の額までいけば、遊女は遊廓を出て行くことができました。逆に言うと、それまでは厳しく監視され、出て行くことはできませんでした。

つまり、大きなお金が動くということは、そのお金に縛られている人がいるということです。それが遊女だったのです。今私たちは「人権」という、とても大事な思想を持っています。個人の人権は人類の普遍の価値なのです。お金が巡って都市全体を豊かにするのは良いのですが、そのために一時的にせよ組織から自由を奪われる人がいる、ということは、近現代社会では許されていません。現代では労働基準法にも売春防止法にも抵触し、何よりも基本的人権の侵害になります。

遊廓はなぜ人を魅了したか

ところで、何を目的にこの町は造られたのでしょう。「遊廓」というわけですから、「遊」のために造られた「くるわ」です。「遊」は遊ぶ、という意味ですね。しかし「遊」にはもうひとつ意味があります。「ただよう、さまよう、旅をする」という意味です。

これは、この吉原遊廓に暮らす遊女たちの由来と関係しています。第一章で書いたように、遊女は旅をしながら芸能を見せ、同時に色を売った女性たちのことだったのです。

現在の芸能人は芸能を売りますが、色は売りません。美しさを売りますが、身体は売りません。ではなぜ前近代の女性芸能者は性を売ったのか。これは人間と文化にかかわる深いテーマです。

たとえば茶の湯という文化があります。手順、作法、着物、美意識、建築、諸道具、庭園、絵画、生け花、料理、季節感などの総合空間芸術であり時間の芸術で、現在でも複数の家元がおり、高価な茶碗や諸道具が伝えられています。この文化は抽象的なものではなく「茶」や「料理」という人間の五感の快楽に支えられています。

歌舞伎や日本舞踊という伝統文化があります。これらは音楽と踊りと演劇で成り立っていますが、やはり音、響き、リズムなど五感の快楽を前提にしています。芸能が今のように遠い舞台の上やテレビやスクリーンの中ではなく、座敷に呼んで間近に楽しむものであった時代、その迫力と魅力を一時的にであっても独占したいと思うことがあっても不思議ではありません。

遊廓は、その移動する芸能者である遊女が選ばれて集まる場所として作られました。その時、その空間は普段の社会とは異なる「別世界」になったのです。その記憶から、吉原に入るまでの道程は、特に川を使って舟で近づいていく時、辺境の別世《べつよ》に入っていくような気分にさせる仕掛けになっていました。日常の都市の中に、別世の都市が作られたのです。

幕府が新吉原を移転させたのは、秩序のためだったわけですが、それがまさに「秩序からはみ出た悪所」を成り立たせ、その非日常が人を惹きつけたのです。高尚な文化と生々しい身体の両方が同時にある世界。武士は刀を預け、著名な商人の権威も通用しない、身分の無い世界。大きな金銭が動く所だということは、つまり身分や職業を超えて誰にでも平等な（実際にはなかなかそうはいきませんが）「お金」で動く世界、ということなのです。

そしてまるでスポーツのように複雑なルールが躍動し、それを熟知して「通人」と言われることに面白さを感じるゲーム感覚もありました。通人になった人にとってもなれない人にとっても、遊廓は常に謎に満ちた、完全には理解できない世界です。

そうであるからこそ、江戸時代になると遊廓について非常に多くの本が出されました。一六七八年には、集大成とも言える藤本箕山著『色道大鏡』が出されました。何の集大成かというと、その前に「遊女評判記」という、京都、大坂、江戸の遊女や遊廓について書いた多くの本がすでに出されているのです。藤本箕山は京都の町人で、俳諧をたしなみ古筆の鑑定者でもある文化人でした。そういう人が、遊廓の謎に挑戦したくなるのです。

この『色道大鏡』後に出る数々の本は、情報の本であると同時に、複雑な決まりやルールを理解するためのゲームの攻略本のようでもあり、遊女たちの人としての素晴らしさを描く本でもあり、その可笑しさを書いた本でもあり、まるで民俗学や文化人類学のような「詳細に記録することで謎を解く」ための本に思えるものもあります。つまり皆、興味津々なのです。

本書も、遊廓の謎をすべて解くことはできません。膨大な資料が存在し、そのすべてにわたることもできません。しかし、なぜ「あってはならない悪所」であるのに人を魅了したのか、それを探ることにします。

遊廓に入ると……

さて、ここは「別世」だと書きましたね。この町に入るには、三つの方法がありました。多くの商人が住んでいた日本橋や大伝馬町から吉原に行くとすると、駕籠に乗って行く人もいます。歩いて行く人もいます。もっとも多いのはいったん柳橋に出て猪牙舟という、猪の牙のような形の小舟に乗って隅田川を上り、山谷堀という狭い堀に入り、途中でそれ以上進めなくなるので舟を下り、そこから「土手通り」と呼ばれる日本堤大通りに出て歩く、という方法です。

途中には葦簀張りの店が並び、そこを抜けると「見返り柳」と名付けられた目標の柳の木があって、それを左に曲がると、五十間道という下り坂になります。この坂も城郭のような作りで、途中で屈曲し、土手通りからは入り口の門が見えないようになっていました。坂を下り切ると大門《おおもん》と呼ばれる門がありました。行き着くまでに結構たいへんですね。それが別世界に近づくわくわく感を作り出すのです。

この門を入ると左手に奉行所配下の「面番所」がありました（図2－2）。右側には、町で言えば自身番に当たる町人の吉原会所（四郎兵衛会所）がありました。ここで人別帳の管理をしていました。この両者はいわば町の役所兼交番です。なぜこういう場所があるのか

図2-2　豊国「浮絵新吉原夜遊之図」に見える吉原入り口の面番所

というと、幕府が公認した遊廓なので、奉行所にも町にも管理責任があったからです。現在大門はありませんが、右側には今でも交番があります。

大門からは、仲之町通りという大通りがまっすぐに伸びていました（図2－3）。この通り沿いの店はすべて茶屋で、ここに遊女はいません。茶屋は客を休ませたり案内したり、遊女屋に登楼する時の予約を受け付けたりするところです。そこで大門をくぐった客はまず、自分が予約を頼んだ茶屋に上がり、食事をしたり着替えをしたりしながら、そこで遊女が迎えに来るのを待つか、あるいは茶屋の従業員に案内されて遊女屋に行くのです。茶屋の役割はそれだけでなく、年中行事においては遊廓全体の演出をするプロデューサー兼ディレクターでもありま

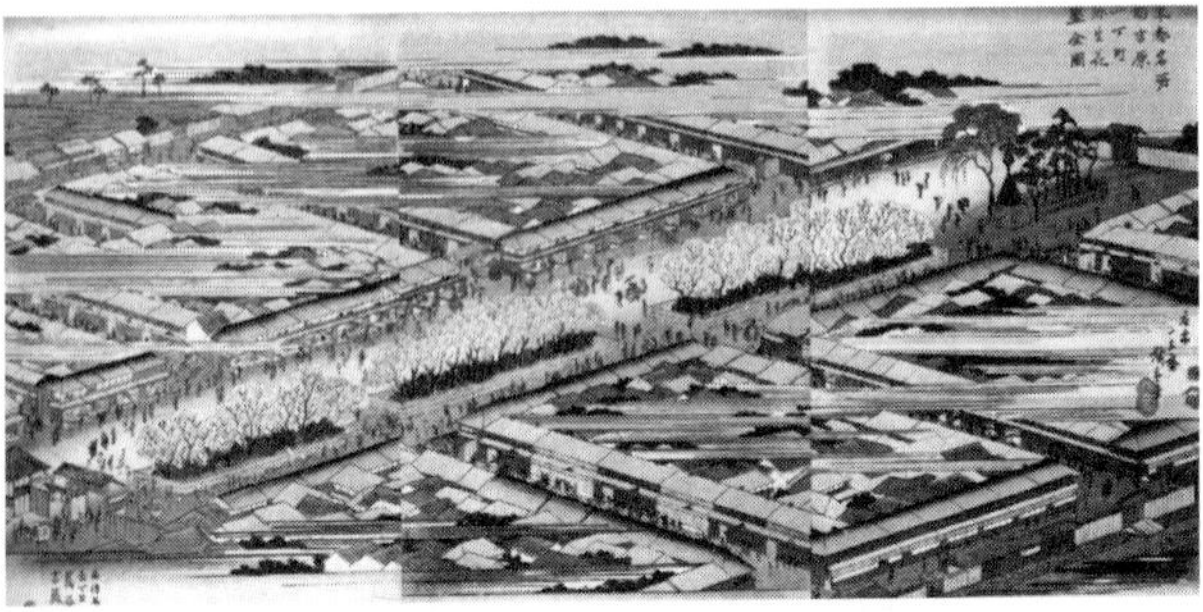

図2-3　広重「東都名所新吉原五丁目町弥生花盛全図」に見える大門から水道尻までの仲之町通り

した。

大通りに交差する道が三本作られていました。大門を背に仲之町通りから見ると、一番手前の右の道は「江戸町一丁目」左の道は「江戸町二丁目」、次の右の道は「揚屋町」左の道は「角町《すみ》」、三番目の右の道は「京町一丁目」左の道は「京町二丁目」と呼ばれていました。その道沿いに、遊女屋が並んでいたのです。この交差する道にはそれぞれ木戸がついており、治安のため夜中になると閉めました。

遊女屋には大籬《おおまがき》（あるいは総籬）、半籬（あるいは交り）、大町《だいちょう》小見世（あるいは町《ちょう》並み）、小格子（あるいは河岸店）、切見世（あるいは局《つぼね》、長屋）という店のランクがありました。ほぼ広さによる区分ですが、小格子は河岸店という呼び方からわかるように、周辺の堀のところに集まっている小さな店でした。むろん、店の格の違いを表す呼び名でもあり、そこにいる遊女の値段も異なるものでした。ちなみに花魁（呼び出し）は、大籬の中にしかいませんでした。

「籬」とは、竹や柴などで編んだ垣根のことで、遊女屋の店にしつらえた格子を洒落てそう呼んだのです。和歌や歌物語の世界を思わせる言葉です。格子から中を見ることができますので、暮れ六ツ（日没の時間）になると遊女が着飾ってその中に並びました。ただし最高級の遊女は並びません。すでに予約でいっぱいだからです。

同時に、客を迎えに行く遊女の道中が始まります。町じゅうに三味線の「すががき」（清掻　唄無しで演奏すること）が聞こえます。格子の中で遊女が弾いているのです。

「不夜城」の賑わい

江戸時代では、日が暮れると人々は行燈を使っていました。菜種油に紙のこよりをひたして火をともしたもので、たいへん暗いです。六〇ワット電球の一〇〇分の一ほどです。それでもないよりましですので、江戸時代の人々は行燈で裁縫もすれば読書もしていたのです。蠟燭は行燈よりずっと明るいですが、高価なので大店《おおだな》つまり大企業などで使うだけでした。しかし吉原の座敷ではとても高価な、とりわけ大きな百目蠟燭を使っていたのです。非常に明るく、仲之町通りにも行燈がともされ、「不夜城」と呼ばれました。畑の中に人工的に作られたこの町は、夜になると、暗闇の中から浮かび上がる光の渦のように見えたに違いありません。

そのことひとつとっても吉原が、大きなお金が動く実に華やかな場所であったことがわかります。その繁栄は明治時代になってもしばらく続きました。一八九五（明治二八）年から翌年にかけて雑誌に連載されていた樋口一葉の『たけくらべ』の冒頭には、「廻《まは》れば大《おほ》門《もん》の見返り柳いと長けれど、お歯ぐろ溝に燈火うつる三階の騒ぎも手に取る如く」という有名な一節があります。部屋の中の宴席の賑わいと明るさを表現した言葉です。さらにこの文章には「明けくれなしの車の行来」「はかり知られぬ全盛」「陽気の町」という言葉が続きます。人力車が行き交い、至るところで宴が催されている陽気な「繁盛」が吉原の毎日だったのです。

まさにその『たけくらべ』が書かれたころの明治二七年の吉原の地図（図2－1）を見ると、大きな面積を占める大籬の遊女屋が江戸町や角町や京町などそれぞれの町に店を構え、小さな間口の茶屋がぎっしりと仲之町通りに沿って並び、その他に八百屋、荒物屋、植木屋、紙屋、菓子屋、車屋（人力車）、髪結い、居酒屋、油屋、酒屋、医院、料理屋、飲み屋、両替屋、そば屋、湯屋、染物屋、豆腐屋、雑貨屋、寿司屋、家具屋が立ち並んでいます。「廓もの」と呼ばれる、この町とその周辺に暮らし、遊廓で生計を立てている住人は、遊廓の中で十分に生活できるようになっていたのです。

さらに吉原は明治時代になると「水道尻」と言われる後ろ出口のすぐ外に、検査所を作りました。吉原では明治六年から、梅毒の検査を義務づけていたのです。さらに、辻々には井戸があり、さらに前一ヵ所、後ろ二ヵ所に「榎本稲荷」「黒助稲荷」「開運稲荷」という稲荷が設けられていました。

第三章　遊女とはどんな人たちか？

吉野太夫

いったいここに暮らす遊女とは、どんな人たちだったのでしょうか？

すでに書いたように、江戸時代の遊廓は平安時代以来の日本文化のひとつの表現でした。それは遊女のありかたにもっとも現れていました。一例を挙げます。

江戸時代の京都の島原遊廓に、吉野太夫という人がいました（図3－1）。太夫（のちに「花魁」「呼び出し」とも言う）とは、遊廓で最高位の遊女のことです。吉野太夫はある豪商から結婚を申し込まれました。しかしその豪商の親族に反対されましたので、諦めて郷里に帰ることにしました。そして最後だから、とその親族の女性たちを集めてもてなしたのです。

前掛けをして自ら立ち働き、女性たちが集まると琴を弾き、笙を吹き、和歌を詠み、茶を点《た》て、花を生け、時計の調整をし、碁の相手をし、娘さんたちの髪を結い、面白い話で人を引き込みました。

ちなみに「時計の調整」とは、江戸時代の大名家や大店《おおだな》にだけあった和時計の、歯車の調整のことです。和時計は太陽の動きに時計を合わせるので、常に調整が必要でした。この技術を持つということは、大名家や大店の夫人なみの見識があるということでした。

そのような吉野を見て遊女に偏見を持っていた親族の奥方たちは、吉野の面白さ、やさしさ、品格、教養にすっかり引き込まれ、むしろ結婚を勧めるようになりました。この吉野は実在の人物で、京都の文化人で豪商であった佐野紹益の正妻になった人です。

実際、多くの太夫は和歌を詠み、手紙を見事な筆跡で書きます。俳諧、狂歌もでき、漢詩を作ることもありました。平安時代の貴族のように髪や着物に伽羅（輸入された香木）を焚きしめ、着物のセンスがあり着こなしがうまく、人前で食事をしません。後に芸能は芸者たちに任せられますが、それまでは琴や三味線を弾き、唄を唄い、踊りや能の舞も披露していました。

図3-1　『好色一代男』より吉野

太夫という呼称は、初期の遊女たちが能の舞を見せる芸能者である「能太夫」だったので、そこに由来すると言われています。

太夫たちの人柄も後世に伝えられていきます。人に物をねだらず、欲張らず、鷹揚でゆったりしているのが太夫の特徴でした。

それほど何もかも揃った人が本当にいたのだろうか？　と思うかも知れませんね。確かに、これは一種の理想像だと思われますが、実在の太夫について語り伝えられ、それらが集合した像であることは確かです。

「色好み」の日本文化

ここに並べた遊女の能力や人柄は、和歌や文章や筆など平安時代の文学にかかわること、琴や舞など音曲や芸能にかかわること、中世の能や茶の湯や生け花、漢詩、俳諧など武家の教養にかかわること、着物や伽羅や立ち居振る舞いなど生活にかかわることなど、ほとんどが日本文化の真髄に関係しています。

そしてこれらの、特に和歌や琴や舞などの風流、風雅を好む人を平安時代以来「色好み」と呼んでいました。「色」には恋愛や性愛の意味もありますが、もともとは恋愛と文化的美意識が組み合わさったもので、その表現としての和歌や琴の音曲を含むものだったのです。

遊女が貴族や大名の娘のように多くの教養を積んでいたのは、日本文化の核心である色好みの体現者となり、豪商や富裕な商人、大名、高位の武士たちと教養の共有、つまり色好みの共有を果たすことが求められていたからでしょう。これらの伝統的文化に遊ぶことこそが、彼らにとっての「遊び」だったのです。

しかし遊廓にはもうひとつの側面があります。それが売色です。色を好み趣味を共有する、その「色」の中には恋愛、性愛が含まれました。

性愛そのものは人類の存続を支えるもので、人の愛情の根幹を成すものです。恋愛は人間の精神にとって大切な感情です。だからこそ人権に価値を置く時代になれば、恋愛や性愛は力の不均衡、不平等のもとでは成り立たないのです。独立した人格を認め合い、尊敬し合う関係の中で初めて価値を持つのです。

遊女の物語の中には、客との間にまさに友情と言えるものを作り上げる話もあります。しかし遊廓の制度そのものはすでに述べたように、女性を、借金の抵当や担保として位置づける制度でした。

借金をするのはたいていの場合家族で、遊女たちの多くは家族のために借金を返し終わるまで、または最初に交わした契約の中にある年季の終わるまで、遊廓で客を取り続けます。稀に女性が芸能を楽しむために客として来る例外もありますが、ほとんどは男性で、茶屋を介して遊女の抱え主に金銭を支払います。遊女の抱え主は、借金のかたが逃げないよう、管理を怠りません。そしてこの制度は、幕府に公式に認定されていた「公娼制度」でした。

これは女性の人生にとっては一時的な拘束ですので、決して奴隷制度ではありません。大いに稼げば早くやめることができますし、誰かが借金を全額払ってくれれば、すぐにでも遊廓を出られます。その後、吉野太夫のように結婚する人もいます。しかし一時的にせよ、自由を拘束されます。

では、そういう遊女たちを抱える遊廓はなぜ存在できたのか？　その根本を考えると、女性が単独で働く場所が限られていることに気づきます。

江戸時代の農漁山村では家族全員で働きましたし、商家でも夫婦で働きました。都会でもほとんどの女性が何らかの仕事を持っていました。専業主婦という存在はありませんでした。質素でもこつこつと生活のために働く道は、女性にも開かれていたのです。

それでも遊女になる選択をしなければならない場合があるとしたら、それは一度に大きなお金が必要な時です。そういう時、自分が遊女になることで両親や兄弟が安心して暮らせるとしたら、情と思いやりがあるほど、その道を選ぶ女性はいたでしょう。

たとえ結婚したとしても、経済的貧困で家庭生活が成り立たなくなることもあり、そういう時は既婚者でも遊女になりました。身分に関わりなくそういう事態は起こり得て、江戸時代の初期の遊女には、お家取り潰しなどで職を失った武家の娘が多かったと言われます。

今は家を購入したり家族が病気になるなど、手元にあるお金で足りない時、正規の会社員であれば女性であっても銀行はお金を貸してくれます。借りたお金は給与から返していけばいいわけです。そこには企業の給与に対する「信用」があります。しかし江戸時代では、女性が大きなお金を借りる時、もっとも信用があるのが遊廓での働きだったのかも知れません。そこでは毎日、大きなお金が動くからです。

貧困に立ち向かう時、女性はどう生きたらよいのか？　どのような道があるのか？　江戸時代だけでなく、その多くが非正規雇用者である現代日本の女性たちも依然として同じ問題を抱えているのは、驚くべきことです。

井原西鶴は女性をどう見ていたか

ところで『世間胸算用』で井原西鶴は、遊女ではないふつうの女性（地女《じおんな》）を辛辣に書いています。気持ちが鈍感で、物言いがくどくて、いやしい所があって、文章がおかしく、酒の飲み方が下手で、唄も唄えなくて、着物の着方が野暮で、立ち居振る舞いが不安定で、歩けばふらふらして、一緒に寝ると味噌や塩の話をして、ケチで鼻紙を一枚ずつ使うし、伽羅は飲み薬だと思いこんでいる、と。つまりこれをひっくりかえしたのが遊女でした。

香水のなかった当時、髪や着物に伽羅を焚きしめた遊女はとても良い香りがして、それだけで天女のような存在だったのですが、それだけでなく、人の気持ちに敏感で、物欲がなく、余計なことを言わずにさっぱりとした物言いをし、酒を適度に飲み、唄がうまく、着物のセンスが抜群で、素晴らしい手紙を書き、腰がすわって背筋の伸びた美しい歩き方をしたのです。実際に遊女は客の前でものを食べることと、金銭に触れること、また金銭の話をすることなどを禁じられていました。

初期の遊女は三味線、唄、踊りも得意でしたが、すでに述べたように、次第に芸能の分野は芸者に任せるようになりました。その結果、吉原芸者は他のどこの芸者より優れた芸人になったのです。

しかし芸能をおこなわなくなった後も、遊女は和歌、俳諧、漢文などの文学的な能力があり、文人たちとそういう話もできましたし、着物の上に武家の女性のような打ち掛けをつけました。つまり正装をしていたのです。

また独特の語尾を持つ人工の遊廓言葉を話しましたが、その中で「ざんす」「ざいます」などは後に上流階級の山の手言葉になります。教養高く優れた人柄の遊女がたくさんいて、文学にも書かれました。

「床上手」が意味していたこと

「床上手」ということも遊女の大事な要素でした。ここでは、井原西鶴『好色一代男』と『諸艶大鑑（好色二代男）』に登場する遊女を何人か見てみましょう。

野秋という遊女については、「一緒に床に入らなければわからないところがある」と書いています。肌がうるわしく暖かく、その最中は鼻息高く、髪が乱れてもかまわないくらい夢中になるので、枕がいつの間にかはずれてしまうほどで、目は青みがかり、脇の下は汗ばみ、腰が畳を離れて宙に浮き、足の指はかがみ、それが決してわざとらしくない、と。

もうひとつは、たびたび声をあげながら、男が達しようとするところを九度も押さえつけ、どんな精力強靱な男でも乱れに乱れてしまうところだ、と。さらに、その後で灯をともして見るその美しさ。別れる時に「さらばや」と言うその落ち着いたやさしい声。これが遊女の「床上手」の意味でした。

初音という遊女は、席がしめやかになると笑わせ、通ぶった客はまるめこみ、うぶな客は涙を流さんばかりに喜んだそうです。床に入る前には、丁寧に何度もうがいをして、ゆっくり髪をとかし、香炉で袖や裾を焚きしめ、横顔まで鏡に映して気をつけました。

世之介（『好色一代男』の主人公です）が眠っていると、「あれ蜘蛛が、蜘蛛が」と言ったので世之介は起きてしまいました。すると「女郎蜘蛛がとりつきます」と抱きついてきて肌を合わせ、背中をさすり、ふんどしの所まで手をやって「今まではどこの女がこのあたりをさわったのかしら」と言います。西鶴は、かけひきが類まれな床ぶりだ、と書いています。

「床上手にして名誉の好きにて」と言われた夕霧は、化粧もせず素顔で素足、肉付きはいいのにほっそりとしとやかに見え、まなざしにぬかりがなく、声がよく、肌が雪のようだったそうです。実は初期の遊女は髪にかんざしもほとんどつけず、多くの人が化粧もしませんでした。飾りが一切いらないくらいの、本来の美しさをめざしていたのです。

夕霧はさらに琴、三味線の名手で、座のさばきにそつがなく、手紙文が素晴らしく、人に物をねだらず、自分の物を惜しみなく人にやり、情が深かったそうです。また三笠という名の遊女は、情があって大気（おおらかで小さなことにこだわらないこと）、衣装を素晴らしく着こなし、座はにぎやかにしたかと思うと、床ではしめやかな雰囲気を作ります。誰にでも思いを残させ、また会いたいと思わせる人でした。

名妓たちの良さとしてとくに強調されるのは、下の者に対するやさしさでした。夕霧は八百屋や魚屋がやってきても決してばかにすることなく、喜ばせました。三笠は、客の召し使いや駕籠かきにまで気を遣い、禿《かむろ》（遊廓で修行中の少女たち）が居眠りをするとかばってやりました。

金山という遊女は、ある被差別民の客が身分を隠してやってきてそれが噂になると、衣装にあえて欠け碗、めんつう（器）、竹箸、という非人の印を縫いつけ、「世間はれて我が恋人をしらすべし。人間にいづれか違いあるべし」と言い放ったというから見事です。人権派の遊女、というところです。吉野の話はすでに冒頭で紹介しましたね。遊女の魅力は第一に人間的魅力だったのです。

客と別れるための作戦

遊女は、ばかにされたらひっこまない、という強さも必要でした。

客が他の遊女に惹かれた時は、ちゃんと理由を言って遊女の名誉を傷つけることなくきれいに別れる必要がありました。しかし時にはその遊女の欠点を探し（なかなか見つかりませんが）、それを理由に別れる客がいます。それを「口舌《くぜつ》」と言い、卑怯なやり方です。遊女は自力で自分の名誉を守らなくてはなりません。

吉田という遊女は、ある客が口舌で別れようとしていることを見抜き、方法を考えました。吉田が座敷を出たところでおならの音がしたので、「これぞいい機会！」と客は喜びます。別れる理由にしようとしたのです。

しかし彼女が同じ廊下を歩いて帰って来た時、ふと立ち止まって迂回して座敷を回りました。客は「あれ？」と思います。さっきのは廊下のきしみだったのだろうか？　吉田は判断に困っている客に、「今日かぎり愛想がつきました」と自分から別れ話を切り出します。その噂は遊廓中に広まって客の方が面目を失ったのです。決着がついた後、吉田は「いかにも（おならの）こき手はこの太夫じゃ」と言い放ったのでした。

　遊女は、誰にでも惚れているふりをするわけではありません。小太夫という遊女は客から、「惚れているという誓紙を書け」と言われましたが、言うとおりにしませんでした。「あなたはたいへん良くしてくださるのですが、どういうわけか私はさほどに思えないのです。嘘をつくわけにいきません。惚れていない、という誓紙なら書きましょう」と言ったそうです。その後も二人はとてもいい関係が続きました。

　やがてその客が遊廓通いはもうやめにする、という時、小太夫はその男性の紋を付けた着物を一〇枚作らせて贈り、遊女になった時から今日までのことを書きつづった「我が身の上」という文章を彼に捧げたのです。男として好きになれなくとも、嘘をつかず、世話になった恩は忘れず、長いあいだ別れの時の準備を怠らなかったのです。遊女と客の関係でも、男女の友情は可能だったのです。

身でした。

禁じられた「間夫」

遊女はどんなに立派な人でも、借りたお金を労働で支払い終わらなければ、とらわれの身でした。

しかし無闇に働かされるというものではなく、借金の額で年季が決まっており、ふつうに勤めていれば、年季が明けたら自由になります。さらに、予想以上に売れっ子になって稼げば早く自由になります。そのように自力で働き終わる遊女も多いのです。

とはいえ過酷な労働条件にあることから、病気になる遊女もいます。休めば年季は延びます。また恋人ができてすぐに一緒になりたいのであれば、残った借金を払わねばなりません。恋人が金持ちならお金を払って請け出すことができます。あるいはお金を払ってたびたび会いにくれば、そのぶん早く遊女は自由になります。

しかし恋人が金持ちでない場合や親から勘当を受けている場合は、恋人は「間夫《まぶ》」になります。間夫とは、お金を払わずに、遊廓の主人に内緒で密会する恋人のことです。仕事がおろそかになるので、遊女を抱える経営者たちはこれを禁じました。

多くの遊女はたとえ間夫がいても客を取り、いつもの仕事を続けました。しかし中には、間夫と真剣な恋に落ちた時から、客を取らなくなる遊女がいます。あるいは、自分でお金を払って間夫と会う遊女がいます。これでは借金はかさむばかりです。

いくら本人がそれでいいと言っても、年をとればとるほど稼げなくなるので、抱え主は厳しく制裁しました。遊女の労働にはこのような背景があるので、それが心中を引き起こす原因にもなったのです。

天上世界に、現実の事情が入り込むことがありました。天上世界と言っても仮構されたものです。現実世界が作り上げたものなのですから、当然でした。現実の事情とは、なんと言ってもお金でした。そのお金が原因で、遊廓には時々心中事件が起こりました。

心中に必要な作法

その「心中」について説明しましょう。心中は「心中立て」の意味で、心の中を見せ合うことです。

まず誓紙＝起請文《きしょうもん》という、愛を誓い合う紙を取り交わすことが心中立ての第一歩でした。江戸時代、誓紙には熊野神社の牛玉宝印《ごおうほういん》を印刷した紙が用いられました。烏《からす》の形を文字化した絵文字を印刷したもので、指に針を刺して血を出し、その血で「誰々様に惚れています」などと書き、烏の目を血で塗りつぶすのです。

ただし巧妙に烏の目を避けたり、筆につける水に酒と塩をまぜておいて、あとで字が消えるようにはかったりと、なかなかしたたかな手も使われました。つまりさまざまな心中立てが、遊女の「手くだ」になったのです。

素晴らしい遊女もいれば、ずるい遊女もいます。客達も「遊女の誠と卵の四角、あれば晦日に月が出る」という都々逸に同感したでしょう。ちなみに、旧暦では一五日に満月になり、三十日《みそか》に月は出ません。

誓紙の次の心中立ては断髪でした。一束髪を切って相手に渡すのです。髪には魂が宿るとされていましたから、人に渡したら、それを使って呪うこともできるのです。そこで、「あなたを信じています」という意味になります。

相手に渡すものにもうひとつ、切り離した小指があります。左手の小指の第一関節の少し上を刀ですぱっと切るのです。「心中箱」というものもあって、その箱の中にもらった誓紙や指や髪や爪を入れておく男性もいたそうです。

また、遊女が心中箱を持っている場合は、複数の客に渡すために集めているのです。『好色一代男』には、墓地で、女性の墓をあばいて髪や爪をはがす悪徳商人に出会う話があります。遊女の心中箱を満たしておくための商品調達です。

『曾根崎心中』に描かれた恋の手本

そして本当に死んでしまう心中があります。これは近松門左衛門『曾根崎心中』『心中天網島』のように、商人の男と遊女の組み合わせの事例が多かったようです。

『曾根崎心中』では、主人公の徳兵衛は醬油屋の手代です。主人は徳兵衛を見込んで妻の姪を嫁にし、後を継がせようと考えています。徳兵衛には田舎に母親がいるのですが、これが欲の深い継母でした。主人はお金を持ってその継母を訪ね、徳兵衛と姪の結婚を承知させてしまいます。

しかし実は徳兵衛には恋人がいました。遊女のお初です。お金を払って請け出せば遊女と結婚することも可能です。しかし問題はそのお金でした。徳兵衛のような手代は遊女を請け出すお金は持っていません。

こんな場合、結婚は結婚、恋は恋と割り切ることができればいいわけで、たいていはそうだったのです。しかし徳兵衛にはそれができません。とうとう主人に姪との縁談を断ってしまいます。

主人は怒って、継母に渡したお金を返せと言います。徳兵衛は継母からやっとのことでお金を取り戻します。そこへ親友の油屋の九平次が、一日だけ切り抜けねばならぬことがある、と言って借金を申し込んで来ました。徳兵衛はお人好しで、そのお金を貸してしまうのです。

一方お初には、他の男性が請け出す話が進んでいます。こうしてどうにもならなくなり、二人は心中に旅立ちます。

この心中事件は「恋の手本」と言われました。それは、二人とも現実世界での有利な条件をすべて蹴って、恋を貫くからです。江戸時代の大坂の人々がこの浄瑠璃の登場に熱狂したのは、時代がお金を中心に動き始め、人間としての意志までもお金によって動かされることに、苦しみを感じていたからでした。『曾根崎心中』はほんの一ヵ月前の一七〇三年旧暦四月七日に起こったほんとうの心中事件を題材にしたものでした。

なぜ「心中もの」が流行したのか?

一七二〇年旧暦の一〇月中旬には、別の心中事件が起こりました。その二ヵ月後、事件は『心中天網島』という浄瑠璃になります。

紙屋を経営する治兵衛は、いとこのおさんと結婚して二人の子供があります。姑は叔母、がんじがらめの家族関係です。その治兵衛は、小春という遊女のもとに通いつめています。小春には他の男性から身請けの話があります。遊女にとって身請けの申し出は、借金返済の生活から晴れて抜け出すまたとないチャンスです。抱え主も大金が入るので、小春に矢の催促です。

しかし職住同一、家族親族にがんじがらめの治兵衛には、自由になるお金がありません。治兵衛の兄が心中を心配して小春を訪ねたり、妻のおさんが「夫を死なせないでくれ」という手紙を小春に書いたりと、周囲はあわただしく動き始めました。そのなかで、いよいよ小春は身請けを承知します。これで一件落着、のはずでした。

しかしその均衡を破ったのは、妻のおさんでした。「小春はひとりで死ぬつもりだ」と直感し、自分の着物をぜんぶ夫に渡して「小春を身請けしろ」と言い出したのです。しかしそこにおさんの父親がやってきて、おさんを連れ帰ってしまいます。治兵衛はどうにもならなくなり、小春と心中道行に出発します。

江戸時代の心中ものは、一六八三年、遊女と呉服屋の心中を大坂の歌舞伎で上演したのが最初でした。その後一五種類ほどの心中もの歌舞伎が作られました。そして近松門左衛門の浄瑠璃の時代がやってきます。その影響は絶大なもので、ほんものの心中事件がいっきに増えてしまったのです。幕府はあわてます。一七二二年と二三年、幕府は心中ものの上演禁止令を出します。

心中があるから芝居や浄瑠璃が作られ、その浄瑠璃で心中がさらに増えました。そこには、急激に貨幣経済が浸透し、お金に振り回される人々の苦悩が見えます。うまくいっていたはずの人々が、今で言うサラ金、カード破産、失業に陥り、お金に縛られて働く遊女という存在に結びついてゆくのです。

観客は、お金と人生について人ごとではない気持ちで見たことでしょう。心中は恋の結果のように見えますが、実は「お金と人間」にかかわる、苦悩の共有から生まれたものです。

第四章　男女の「色道」と吉原文化

好色が形成する文化

江戸時代には「好色」という言葉がありました。

「好色な人」とは、決して、性的なことに異常に関心がある人、という意味ではありませんでした。流行に敏感でセンスがよく、口の利き方も洒落ていて、人への気遣いも洗練されており、教養があって、三味線その他の音曲や絵画などの芸術・芸能の能力も高く、恋心についてもよく理解できる、というような人をさしたのです。

またこれは、男性にも女性にも使う、非常に高い評価の言葉だったのです。結果的にこういう人は異性に注目され、恋にめぐまれ、その評判が立ちます。井原西鶴の『好色一代男』『諸艶大鑑（好色二代男）』『好色一代女』『好色五人女』は、そういう人たちの物語です。

好色という言葉はやがて使われなくなりますが、後世出てくるのが「艶気《うわき》」という言葉です。山東京伝の名作『江戸生艶気樺焼《えどうまれうわきのかばやき》』の「艶気」は、好色と同系列の言葉です。

色《しき》という言葉は仏教でも使います。『仏教辞典』によると、「形あるもの」の意味で、味やにおいや感触や眼に見えるものなど、五感でとらえられるあらゆる物質のことです。絶えず変化し、やがて消滅するこの世のもろもろの現象のことです。好色とは、特にその中でも高度に洗練された音楽や絵画や文章や衣食住を楽しむことなのです。性関係を含む男女関係は、それらのひとつと考えられていたわけです。つまり「文化」です。

文化は、欲望に人間的で伝統的なかたちを与えたものです。たとえば私たち人間には食欲があります。何でも食べさえすれば命はつながります。しかし料理や食卓の文化が発達してくると、私たちは何でもいいとは思わなくなります。各文化圏の料理は、それぞれ素晴らしい特質を持つようになります。

またそうして生まれた優れた料理は、料理文化の無い別の場所に伝わります。いい雰囲気でおいしい酒を飲み、料理を味わったり、また料理に腕をふるったりすることは、生活と人間関係を豊かにします。単なる欲望を精神的、社会的な喜びに変えること。それが文化なのです。

遊廓は、性を中心にそのような総合的な文化を創り上げた場所です。西鶴が遊女たちについて書いたことも、性そのものではなく、このような性の文化のことなのです。食欲が料理と演出によって真に贅沢で幸福な時間に生まれ変わるように、性欲や愛欲も、贅沢で夢のような経験に生まれ変わり得るのです。

恋を創るための「色道」

しかし、そのためには努力が必要です。色道とは、その努力の方法を示すものです。

すでに述べたように、江戸時代には『色道大鏡』という本がありました。また西鶴も、色道を書きました。そこに書かれた衣裳の着方や話し方、遊女の手くだ、生き方、人への接し方は「理想」です。皆が実現できたことではありません。しかし、性関係や恋に、めざすべき理想があったのは確かです。恋の究極は結婚などではありません。恋には恋の理想があるのです。

その理想はもちろん、現代とは異なります。たとえばすべての遊女は遊廓言葉を話しました。その結果、出身地がわからなくなりました。

遊女は傾城とも言いました。城をも傾ける女性、つまり現実世界を崩壊させるかも知れない美を持ち合わせている、という意味です。

傾城の反対語を「地女《じおんな》」と言います。ふつうの女性たちは地女つまり土地の女です。逆に、遊女は「土地」からも「日常」からも浮上した天上の女として演出されました。映画スターをまさに星《スター》と呼ぶのと似ています。

これを「性」と「恋」の関係で考えてみます。遊廓は性を売っていたのではなく、恋の理想（夢）を売っていたのです。性だけの世界は貧しく、恋の世界は贅沢なのです。しかし、遊廓ではどの遊女や客にも一律に恋の美意識を適用しようとするという欠点もあります。

現代の私たちはひとりひとり、自分の恋や性の文化を創ることができます。自分なりの恋の表現をすることができます。恋は棚から落ちて来ないし、偶然拾えるわけでもなく、お金を払えば購入できるものでもありません。恋は創らなければ存在しないのです。それが「好色」ということです。

江戸時代の男たちに求められた清潔感

『色道大鏡』をのぞいてみましょう。この本は、男性が遊廓に出入りする際にどのようなたしなみを持っているべきかを、詳細に具体的に書いた本です。

まず額は広く取ります。鬢《びん》は厚くも薄くもなく素直に仕上げます。後れ毛は一本たりともあってはなりません。そのために髪に油をつけて一日に三度はとかし、寝るときは頭を布で巻いて寝るのです。眉は剃って尻上がりに描きます。髭は徹底的に抜きます。歯は白いほどよく、爪はまっすぐに切ります。肌着（襦袢）は白むくか、黄むく、浅葱（水色）むく、紫むくがいいとされます。むくというのは無地のことです。無地の着物は黒がもっともお洒落で、次が茶色でした。着物の裏は茶か黒のみにします。下帯（ふんどし）は白が最上で、次に緋色です。羽織の長さには流行がありますので、それに従います。羽織の色は紋の無い黒に限ります。脇差しは長く、鼻紙は小杉原、楊枝は小さくてまっすぐなもの、履き物は草履と、かなり細かくお洒落を指導しています。

これは遊廓に行く男性、つまりお金を出して恋を買う側の男性が気をつけねばならないことなのです。お金さえ払えばどういう格好でもいい、という乱暴な考え方では、江戸時代では生きて行かれません。

この記述から一〇〇年後に書かれた山東京伝の洒落本『通言総籬《つうげんそうまがき》』では、洒落者の艶次郎が次のような服装をしています。憲房色（黒茶色）の染め抜き小紋を置いた黄八丈の着物を着ます。その下に縞の着物を重ね着します。この着物には黒い襟をつけ、裾には薄い藍色の裾回しをつけます。さらにその下に、紺色の縮緬に螺旋の絞り染めをした襦袢を着ます。羽織は黒の無地八丈で、前下がりに長く仕立て、黒い平たい羽織紐をつけます。帯は緑がかった茶の地色に、小さな文様のついたものです。頭巾を襟巻きにして、黒い皮足袋をはき、髪型は、もちろん「本多髷」です。床屋に行ってから二日目がもっともいい、とされました。

本多髷とは、ちょんまげをねずみの尻尾のように細くした髪型のことです。これは当時の男性の理想である「清潔感」の象徴です。戦国時代から江戸時代初期は髭をたくわえた男性的な男性がいましたが、元禄時代以降になるとほとんどいません。江戸時代中期（一八世紀なかごろ）になると、髭やもみあげどころか、髪がたくさんあることも嫌われるようになり、ちょんまげは可能な限り細くしたのです。

毛深さも野蛮の象徴となり、ダンディな男性たちは必要があれば毛も抜きました。戦争の無い時代の、男性性を消し去ったファッションこそが、江戸のダンディズムです。

以上のことから、男性たちのファッションの基本は「清潔感」と「渋さ」であることがわかります。黒、茶、藍という地味で粋な色を基調にして、微妙な色の違いを、何枚もの着物を着重ねながら組み合わせていくのです。着物は洋服とは異なり、襟、裾回し、裏地、紐などを、自分で選んで組み合わせるものです。脇差し、たばこ入れ、たばこ入れの根付け、キセル、紙入れも、組み合わせていきます。江戸時代の男性のセンスは、微妙なコーディネイトに現れました。ブランドで固めればよい、というものではなかったのです(図4－1)。

図4-1
1793〜1794年ごろの男性ファッション
(山東京伝画「江戸風俗図巻」)

江戸の「いい男」と「いい女」とは

お洒落のひとつの典型は歌舞伎の助六でした。黒羽二重の着物の裏と裾回しに紅絹《もみ》を使い、黒い布からわずかに深紅が見えるようにします。その下に浅葱色を重ね着し、さらにその下には緋縮緬の下帯をつけます。上品で格調高い綾織りの帯を締め、頭には紫の鉢巻きを締め、帯には印籠をさげます。足もとは桐の下駄に黄色の足袋。髪はやはり本多髷です。

助六のダンディズムの要素を並べるとやはり、地味であること、地味の際《きわ》や裏に、派手がひそんでいること、上品であること、髭やもみあげや毛深さといった動物的な男性性が全くないこと、洗い上げたような清潔感にあふれていることでしょう。

では、性格や人柄はどうでしょう。一八世紀後半、江戸には「江戸っ子」というイメージが出現しました。江戸っ子の要素を分析した西山松之助は、江戸っ子は「江戸城の近くで生まれ育った」「金離れがよく物事に執着しない」「育ちがいい」「日本橋を見て育った」「いきとはりを本領とする」という要素で成り立っていることを発見しました。

その江戸っ子のイメージを明確に作り上げたのは、山東京伝という作家でした。山東京伝は、深川の質屋の息子として生まれ、幼いころから三味線などの音曲や浮世絵を稽古し、やがて浮世絵師になります。さらに、鋭さのあるユーモアのセンスで黄表紙の最高傑作の作者となり、優れた洒落本を作り、膨大な読本を書き、ファッションや町の様子を描いた風俗史の本も制作し、たばこ入れ屋を経営し、遊女と二回結婚して脚気で亡くなりました。父親思いで、妹、弟を愛し養った人でした。

山東京伝は、一八世紀江戸の典型的な「いい男」です。それと同時に、西鶴が作品化した「好色」を受け継ぎ、それを江戸的なものに変換して「艶気《うわき》」を作り出しました。

西鶴が物語のなかで世之介を活躍させたように、山東京伝は、自分の分身として艶次郎というキャラクターを創造しました。その艶次郎に最先端のファッションをまとわせ、吉原の遊びを体現させ、「本（メディア）の世界をなぞって生きる町人」を演じさせたのです。

山東京伝が細面の美男子であったのに対して、艶次郎は丸顔で鼻ぺちゃの子供顔で、眉のあいだが離れている、楽しい顔でした。誰もが愉快な気持ちになるユーモアこそが粋の究極だと、山東京伝は思っていたのです。「笑い」があってこその「粋」である、という考えが、ここには見えます。

男性のダンディズムについて書いてきましたが、女性はどうだったでしょう。

西鶴は『好色一代女』の主人公の外貌を詳しく書いています。顔が丸く、薄い桜色の肌、眼がぱっちりして、眉は厚みがあり、眉と眉の間がゆったりとした雰囲気で開いています。口が小さく、歯は粒がそろっていて白い。耳は長めだが縁が浅く、顔から離れぎみで、根元まで透き通って見えます。額ぎわは自然で、首が長く、後れ毛がありません。手の指は細くて長く、爪は薄い。足のサイズは約二〇センチほどで、親指がそっていて、扁平足ではないこと。胴は長い方がいいらしく、そのかわり腰はしまっていてあまり肉がついていません。お尻は豊かで、物腰、物言いが素敵で、着物の着こなしがよく、姿全体に品格があり、気だてはおとなしく、女性ができるはずの技芸はすべてこなし、ほくろはひとつもない。

ここに、さまざまな本に書かれた「いい遊女の条件」を加えてみます。和歌、琴、笙、三味線、各種の唄、生け花、茶の湯が身についています。自分や他の人の髪結いができ、碁の相手がうまく、時計の調整の技術を持っています。酒が適度に飲めて、いい文字と文章で手紙を書けます。お金の話をせず、人の悪口を言わず、腹がすわり、ちょっとやそっとのことでは動じず、下の者にやさしく、物をもらおうとせず、物を惜しまず、気位が高い人、です。

男性の場合も女性の場合も、こんな人、いるはずありませんね。もちろん、素敵な人の要素をかき集めて作った架空の理想像です。しかしこういうことから、江戸時代の人々の「いい男」「いい女」の理想像が見えるのです。

吉原で生まれた独特の「名物」

吉原には出版物から食べ物や言葉に至るまで、他にはない名物とでも言えるものがありました。江戸時代に書かれた喜田川守貞の『守貞謾稿』（一八三七〜一八六七）によると、「袖の梅」「巻せんべい」「吉原細見《さいけん》」「かんろばい（甘露梅）」「つるへ（釣瓶）そば」「最中の月」「豆腐、あげや丁」の七品が名物だそうです。

「袖の梅」は酔いを醒ます丸薬だそうで、どの遊女屋にもあったそうです。「巻せんべい」は仲之町の有名なお菓子屋「竹村伊勢」が売っているもので、折り詰めにして進物に使うとのこと。「吉原細見」は、もうどんな遊女屋にでも置いてあるのは当たり前でしょう。毎年刊行されるガイドブックです。吉原の遊女は出入りや出世があるので、情報を獲得したい人は常に最新版を買う必要があります。守貞は「近年は専ら五葉松と表題す」と書いています。絵草紙屋にも置いてあり、市中で売り歩く者もいたそうです。

ちなみに『守貞謾稿』では細見の中身の案内を実に詳しくしています。どの遊女屋にどういう名前でどういう格の遊女がいて、揚げ代はいくら、という表による情報と、地図のような書き方で、どこにどの店があるかを表現しています。「吉原細見」は花魁の格や値段によってマークをつけていますので、その案内もしています。「吉原細見の読み方ガイ

図4-2　竹村伊勢の最中の月
三谷一馬『江戸吉原図聚』

ド」といったところでしょう。

「甘露梅」は水道尻つまり大門の反対側、吉原の裏の出入り口にある「山口屋半四郎」で売っている梅です。長さ一二センチ、幅八・五センチの小さな桐箱入りで、二四個の、紫蘇の葉を巻いた小梅が並んでいます。蓋には近江屋安四郎の店で作った熨斗がかかっていて「甘露」と書いてあります。新年の贈り物には客達は必ずこれを、遊女屋に持って行くそうです。仲之町の茶屋ではそれぞれの自家製の甘露梅を出したとのこと。

「釣瓶そば」は、大門を入る手前の五十間道にある、縄のれんをかけたそば屋「増田半次郎」のことです。駕籠に乗ってきた客は、駕籠が大門を通れない決まりになっているので、このそば屋のあたりで駕籠を降りました。「最中の月」は最中の皮を使ったお菓子で「松屋忠次郎」の商品（図4－2）。「豆腐、あげや丁」は、山屋市右衛門の店の豆腐のことです。

食べ物ではありませんが、「たそや行燈」も吉原ならではのものです。往来を照らすための低めの街灯です。元吉原の時からの伝統だということで、吉原の夜を明るくしていた重要な道具でした。

縁儀棚も吉原特有のものです。遊女屋では主人(経営者)の居間に、茶屋や船宿では見世に置いたそうで、通常の神棚とは別にしつらえ、恵比寿や大黒をまつり、お神酒と榊を置き、傍らに撫牛《なでうし》や小判の包みの作り物や男根形の作り物を置いたというのですから、これは遊女屋にとっての商売繁盛祈願なのでしょう。

仮宅も吉原名物です。吉原は江戸の他の場所と同様、よく火事が起きました。しかしそのたびに休んでいたら収入が途絶えるので、再建するあいだは近所の花川戸や浅草寺の門前、遠くでは深川や本所の普通の家を借りたのです。吉原の遊女屋より粗末なはずなのですが、みな開放的な気分になり、のびのびとしていたせいか大変繁盛して、家賃分など簡単に稼げたそうです。

「吉原言葉」という人工言語

吉原言葉も名物です。多くの地域、特に東北から女性たちが来ていたので、吉原語を作ってしまって、これを遊女に覚えさせたわけです。守貞が挙げているのは「そうざます」

「いやざます」「言いなます(言いなされますの意味)」「参りんした」「やりいんした」などです。「ありましょう」は「ありいんしょう」「ありいんす」などと表現しました。井上ひさしは『表裏源内蛙合戦』(一九七〇)で、主人公の平賀源内に「吉原を吉原たらしめていたのは廓ことばだ」と言わせています。山東京伝も『通言総籬』の中で「よしておくんなんし。ばからしい」「きいした(来ました)」「じゃあおっせんかへ(〜じゃあないか)」「お見せなんし」「お見なんし」「すかねへぞよぅ」「うれしうおす」などを実況中継のように記録しています。やはり廓言葉に大きな関心を示しています。

人工言語によってコミュニケーションを可能にし、かつ統制する方法は近代に「標準語」として生まれましたが、多様な民族を国家としてまとめる時には諸外国でも人工言語を作っており、人が狭い共同体から外に出てコミュニケーションすることを考えた時には、必ず何らかの言語を母体にして人工言語が作られてきました。廓言葉は、言語の成り立ちに関する知的好奇心を掻き立てるのです。

そこから考えた時、吉原のみに廓言葉が作られたのは、吉原が、日本全国から人が集まる「江戸」という都市にあったからで、そこで女性たちは土地の女＝地女＝日常の女性から、遊女＝傾城＝浮世の女＝別世の天女に生まれ変わらねばならなかったからです。

まさに都市とは架空の空間です。吉原は花がそこに咲くのではなく、花を持ち込んで季節を作るところでした。土地の祭りがあるわけでなく、吉原独特の祭りを芸者衆が作ったところです。すべてのものが創造され、仮構された別世界でした。そのことが、人を惹きつけてやまないのでしょう。

恋文の魔力

ところで、廓言葉だけでなく、手紙もまた名物でした。ただし手紙の文化は吉原独特のものというより、遊女の存在そのものにずっとついてまわったと思われます。その伝統を引き継ぎ、恋の物語を大切にする遊廓では、恋文は非常に重要なものでした。手紙を書くための文字の美しさと文章力は、遊女が第一につけねばならない能力だったのです。

『色道大鏡』は、誰でも手紙を書けなくてはならないが、とくに遊女はどうしても手紙が必要である、と力説しています。遊女は禿《かむろ》と呼ばれる少女のころから、書を習い、文章の稽古をします。『色道大鏡』の筆者、藤本箕山は、遊女たちの手紙に使われる仮名遣いや言いまわしの誤りを指摘しています。遊女たちが『色道大鏡』を読んでいた証左だとも言えます。

『色道大鏡』は言葉の間違いだけでなく、手紙の書き方も指導しています。たとえば男の人がなかなか来てくれない時、「このごろ疎遠ですね」という意味で「御物どを」と書くことがあるが、それは「御とをどをしく」とか「御うとうとしく」と書いた方が優雅だ、とアドヴァイスしています。「拝見」という言葉も「拝しそうろう」と書いた方が素敵で、「会ひたく」というところは「会ひましたく」と、「まし」を使うとやさしく聞こえて良いそうで、「御めにかかりまし」とか「様子聞きましそうろうて」とか「見ましたく」というようにするとやさしいなど、極めて具体的な指導をしています。

『色道大鏡』は使う紙の指南もしています。意外なのは、遊女の手紙は奉書紙《ほうしょがみ》に限る、という助言です。奉書紙は正式な書類に使うもっとも高級な紙のことです。正式で堅い印象があります。

江戸時代で手紙を書くといえば私たちは巻紙に書く姿を思い浮かべます。しかし、遊女は紙を継いで巻紙にして書くようなことはするな、と箕山先生は言っています。たとえかさばっても、紙を重ねた方がいいと言うのです。高価なきちんとした紙を使うことで、相手を尊重しているというメッセージになる、ということなのでしょう。また遊女の持つ高貴なイメージを損なうような、という意味なのでしょう。遊女は天女なのですから。

しかしそれは理想です。西鶴は『諸艶大鑑（好色二代男）』という皮肉たっぷりの本の中で、裏を暴露しています。西鶴によると、手紙を丁寧に包んで封をしてその上に定紋の印を押したりするのは、玉虫という京都の遊女が、客へお金の無心（おねだり）をしたのが初めだった、と書いています。男たちは遊女からの手紙というと、代金取り立て手形でも来たように真っ青になる、と。

それでも、遊女の手紙に心をとろかされる男性は多かったのです。一〇〇年後の山東京伝の黄表紙『心学早染草《しんがくはやそめぐさ》』では主人公の理太郎が、怪野《あやしの》といういかにもあやしげな遊女から手紙をもらい、「怪野のためなら、いくら使ってもいい。倹約なんか無駄なこと」と遊びまくります。

出版文化が演出した遊廓・遊女

吉原の名物を案内した頁で、大門を入る手前の五十間道にある、縄のれんをかけたそば屋「釣瓶そば」のことを書きました。ちょうどその向かいあたりに、一七七〇年ごろ、二〇歳の蔦屋重三郎が本屋を開店しました。蔦屋重三郎は吉原で生まれ育った人です。両親が吉原でどのような仕事をしていたのか不明ですが、吉原には遊女屋も引手茶屋もあり、多くの使用人がいましたので、そのような職業かも知れません。

たとえば遊女屋（妓楼）には抱え主の下に、通常の店と同じように番頭がいて帳簿を預かり、金銀の出納や若い使用人たちの管理をしていました。番頭の下には道中の際に提灯や傘を持つ「見世番」、床の上げ下げや引付座敷（客を通して、遊女を決めてもらう座敷）のマネージメントをする「二階廻し」、書記役の「物書」、油差しなど行燈の管理をする「不寝番」、風呂の管理をする「風呂番、台廻し」、掃除や雑務をする「中郎」、料理人、裁縫をする「お針」がいました。また、抱え主の下の番頭と同じ位置に、花魁、新造（花魁のもとで修行しつつサポートをする遊女）、禿などの遊女の監督をして取り仕切る女性マネージャー「遣手」がいました。

両親が彼らのような仕事だったのかどうかはわかりませんが、蔦屋重三郎はともかく吉原で育ち、七歳の時に母親と別れ、やはり吉原の茶屋である蔦屋の養子になっています。そして二〇歳で独立したわけです。

さて本屋になった重三郎ですが、一七七三年には老舗の出版社・鱗形《うろこがた》屋孫兵衛の細見《さいけん》つまり遊廓のガイドブックを売る本屋になりました。次の年の一七七四年には吉原細見の調査・情報収集・編集を担当し、卸・小売りもする業者となります。そして、鱗形屋の吉原細見『細見《さいけん》嗚呼《ああ》御江戸《おえど》』を売りました。この細見には福内鬼外と名乗った平賀源内が序文を寄せています。

その後、同じ年に著名な浮世絵師・北尾重政が絵を担当した遊女評判記『一目《ひとめ》千本《せんぼん》』を、初めて「蔦屋板」として出版しています。つまりここから、単なる本屋ではなく、出版社の経営者になったわけですね。

ところで先ほどから「細見」とか「遊女評判記」という言葉が出てきています。順番としては、「遊女評判記」というジャンルの発生が先で「細見」が後です。一六五五年に刊行された『桃源集』という書物が遊女評判記の最初のものだと言われています。まさに遊廓を、地上の楽園たる桃源郷に見立てているわけです。

それ以前にも、遊女について書かれた部分を含む本がありましたが、『桃源集』は京都・島原遊廓の太夫（当時の最高位の遊女の名称）一三人と、天神（当時の二番目の遊女の名称）四〇人の容色を記述したもので、評判の記録としてまとまった本でした。

一方、吉原の評判記は一六六〇年刊行の『高屏風くだ物がたり』です。これら評判記は記録的な性格が強いのですが、遊女の評価という意味では文学的な表現も多々あり、それが井原西鶴の『好色一代男』（一六八二年刊）や『諸艶大鑑（好色二代男）』（一六八四年刊）につながりました。西鶴のこれらの作品は浮世草子というジャンル名で文学に位置付けられています。そしてまた、西鶴の作品は多くの人が読んだロングセラーで、遊女や遊廓のことが周知されるきっかけになったのです。

一方、遊女の名簿としての実用的な側面が「細見」になりました。基本的には絵図で遊女屋の位置を示し、それぞれの店にいる遊女の名前と、その位、金額、抱え主、茶屋、芸者、商家などを記載したものです。情報の更新が必要ですので、一年に一回以上は刊行されました。最初の吉原細見は『絵入大画図（吉原大絵図）』（一六八九年刊）でした。つまり絵で描かれたものです。一七〇〇年代になると冊子型になりますが、巻頭には必ず廓の絵図を置きました。細見は明治初年まで刊行されていました。

生け花に見立てられた遊女

ちなみに、遊女の位と値段は、マークで示されました。太夫という名称がなくなった後、最高級の遊女は「昼三《ちゅうさん》」と呼ばれ、その中でさらに最高級を「呼び出し」と言いました。「花魁」は高級遊女全体を表すニックネームのようなものです。昼三とは、昼間の揚げ代が三分という意味です。私は変動の大きな米の値段ではなく、生活実態に合ったかけそばの値段で換算した独自の換算方法を使っています。そこから考えると八万七〇〇〇円ほどです。

そのなかで最高級の呼び出しは昼夜で一両一分でした。かけそば換算すると一四万六〇〇〇円ほどです。裏店の長屋で親子五人が一ヵ月一両二分で暮らせた、と言います。

張見世という、遊女が格子の中に座って客が見立てる方法がありましたが、呼び出しは張見世に出ません。そのかわり、新造と禿を連れて客を迎えに行き、遊女屋にお連れする「道中」はおこないました。秘書にあたる番頭新造を最大で三人持ち、身辺の用を足す振袖新造を二、三人持ち、禿が二人つきました。呼び出しは彼女らの教育係でもありました。呼び出しは入り山形（山の形を二つ組み合わせたもの）の下に星（小さな黒丸）を二つ置いた記号で表しました。その下の新造のつかない昼三は入り山形の下に黒の四角記号、昼夜で三分の昼三は、入り山形の下に黒丸ひとつで表しました。昼三の下の「附廻し」という位は昼二分で、入り山形の下に白丸ひとつ。その下の「座敷持ち」という位は昼一分か昼二分で、入り山形のみ。振袖新造、番頭新造などは無印です（図4－3）。最下級の「切見世」と言われる店にいる「局女郎」という遊女は、約一〇分の単位で五〇文とか一〇〇文、つまり九〇〇円、一八〇〇円という値段をつけられていました。いかに遊女間で

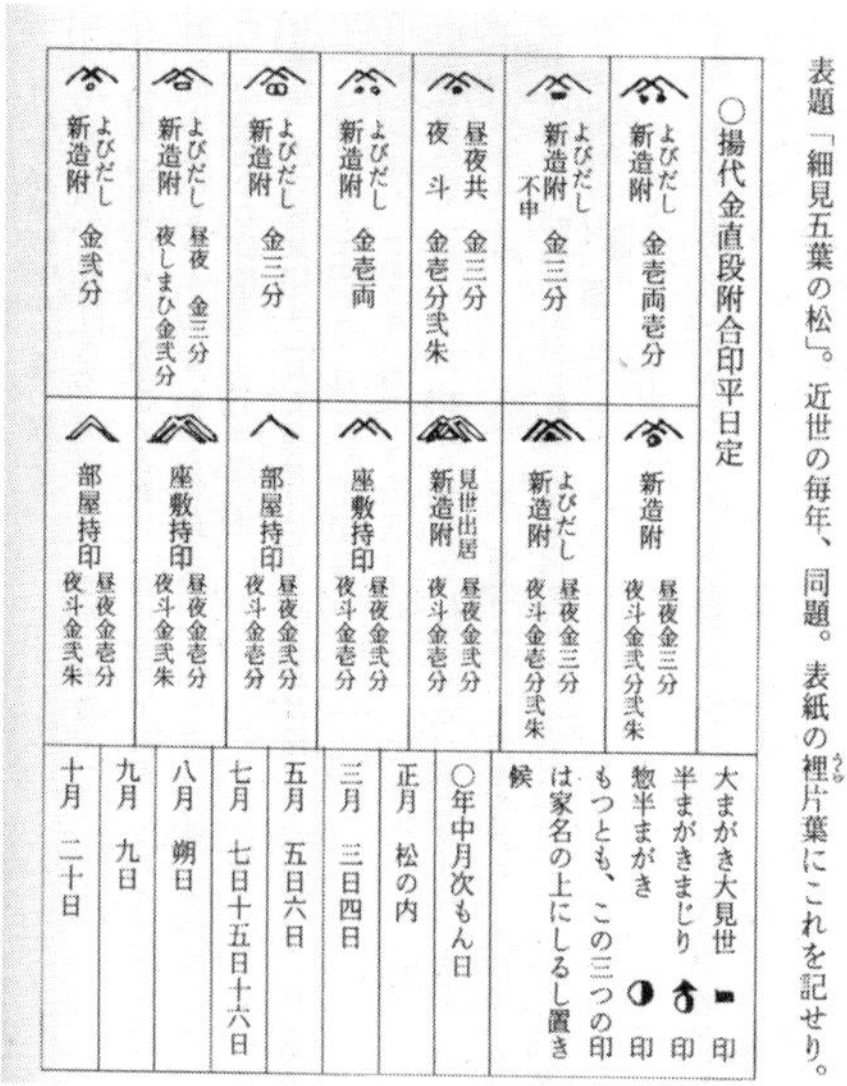

弘化四年、丁未の新吉原町細見
表題「細見五葉の松」。近世の毎年、同題。表紙の裡《うら》片葉にこれを記せり。
○揚代金直段附合印平日定
よびだし 新造附 金壱両壱分
よびだし 新造附 不申 金三分
昼夜共 金三分 夜 斗 金壱分弐朱
よびだし 新造附 金壱両
よびだし 新造附 金三分
よびだし 昼夜 金三分 新造附 夜しまひ金弐分
よびだし 新造附 金弐分
新造附 昼夜金三分 夜斗金弐分弐朱
よびだし 新造附 昼夜金三分 夜斗金壱分弐朱
見世出居 新造附 昼夜金弐分 夜斗金壱分
座敷持印 昼夜金弐分 夜斗金壱分
部屋持印 昼夜金弐分 夜斗金壱分
座敷持印 昼夜金壱分 夜斗金弐朱
部屋持印 昼夜金壱分 夜斗金弐朱
大まがき大見世 印
半まがきまじり 印
惣半まがき 印
もつとも、この三つの印は家名の上にしるし置き候
○年中月次もん日
正月 松の内
三月 三日四日
五月 五日六日
七月 七日十五日十六日
八月 朔日
九月 九日
十月 二十日

図4-3　喜田川守貞『近世風俗志（守貞謾稿）』

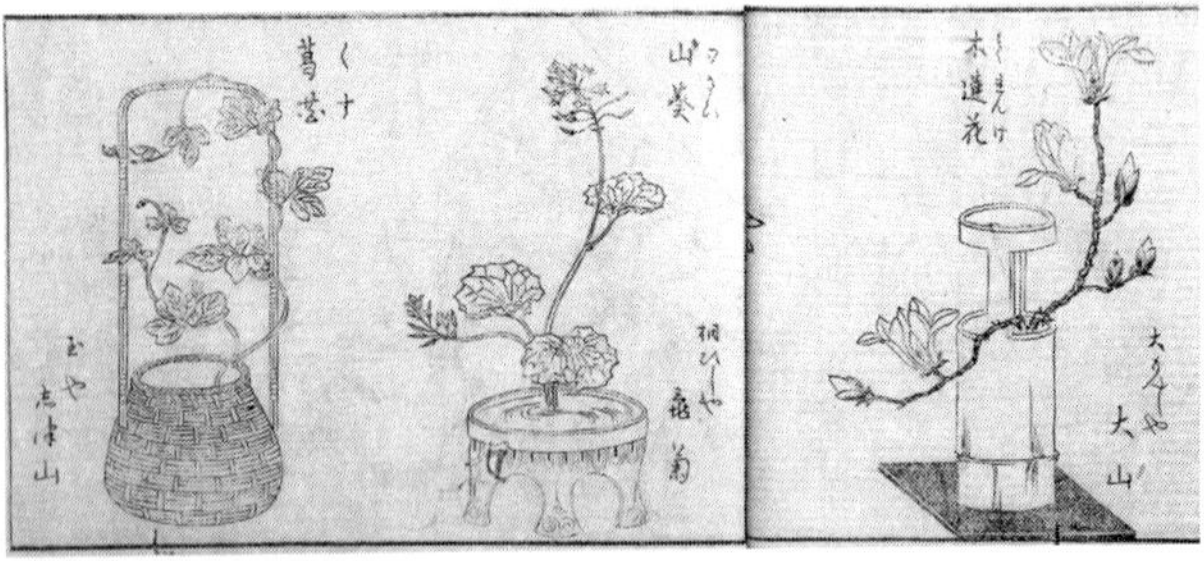

図4-4　北尾重政画『一目千本』（1774年）

格差が大きかったかがわかります。

しかし一方、細見によって驚くのは、その透明性の高さです。行ってみないとわからない、などということではなく、出版物で値段を明確にしていて、不当な金額を要求されることがありません。もちろんお大尽ともなると、これ以外にご祝儀（チップ）をばらまくと思いますが、そうしなくともよいのです。出版物はそういう意味でも、遊廓の敷居を低くし、遊廓繁栄の礎を作った、と言えます。

ところで、一七七四年に浮世絵師の北尾重政の絵を入れ、初めて蔦屋重三郎が独立出版社として刊行した遊女評判記『一目千本』ですが、別名「華すまひ」とも言い、遊女を花に見立てている本なのです（図4－4）。

遊女を商品として列記するのではなく、生け花が並べられています。一八世紀後半は生け花の世界が「抛入花《なげいればな》」から「生《い》け花《ばな》」へ変わるころでした。それにともなって生け花は「見立て絵」の素材として、出版市場に乗るようになっていました。一七五五年には花に見立てた絵本が刊行されています。

一七六〇年代には遊女屋で複数の花会が開催され、一七七〇年には、高崎藩士で洒落本作家の蓬莱山人が『抛入狂歌園』という見立て絵本を出しています。これは生け花を鈴木春信や桐屋五兵衛（飴屋）、丁子屋喜左衛門（歯磨き粉屋）、笠森お仙など、当時の江戸の有名人たちに見立てた本でした。

生け花は茶の湯と関わった武士の世界のものですが、その武士が江戸文化に狂歌師や戯作者として乗り出して来たのです。彼らの担った文化は江戸で町人文化と交叉しました。町人の版元が経営する出版業界に、多くの武士たちが、その深い教養と文化をたずさえて入って来たのです。『一目千本』は明らかに『抛入狂歌園』の踏襲で、遊女はこの本で、花に見立てられる江戸の著名人の仲間入りをしたのです。

このように吉原と遊女は蔦屋重三郎の仕事を通して、「江戸文化」そのものになって行きました。

ところで、気になるのは「花魁」です。この文字は「花のさきがけ」という意味です。一七六〇年代に「太夫」という位が消滅して「おいらん」はその後に出て来た言葉ですが、この字が当てられたのは一七七〇年より後だと思われます。

だとすると、遊女を花に見立てるということが出版上でおこなわれ、その結果として

「花魁」という文字が出現したと考えることも可能なのではないでしょうか。これらのことを考えると『一目千本』は、吉原を文化的な天上世界に押し上げる意図を持って編纂された、と思われるのです。

吉原で生まれ育った蔦屋重三郎は吉原の醜さも素晴らしさも知り尽くしていました。だからこそ、出版によってそれを江戸および日本文化の代表となし、さらには芝居も、それに並ぶ日本文化の象徴としたのではないでしょうか。

洒落本と浮世絵が遊女を世に知らしめた

次の年の一七七五年に刊行された『急戯花之名寄《にわかはなのなよせ》』と一七七七年の『明月余情』は、吉原の年中行事である吉原俄《にわか》にちなんだ出版物です。吉原俄は八月に一ヵ月にわたっておこなわれる芸能の祭典で、後に喜多川歌麿が描く『吉原仁和嘉』シリーズも、俄を題材にした見事な浮世絵です（吉原俄については第五章で詳しくご紹介します）。

一七八〇年からたびたび刊行された『青楼夜のにしき』は、盆の最中、茶屋の軒先に下げられる燈籠の番付でした（図4－5）。著名な絵師や書家が参加して燈籠をデザインしました。吉原はその間、あたかも美術館だったのです。これらの出版は、吉原の文化の高さを外に知らしめることになったはずです。

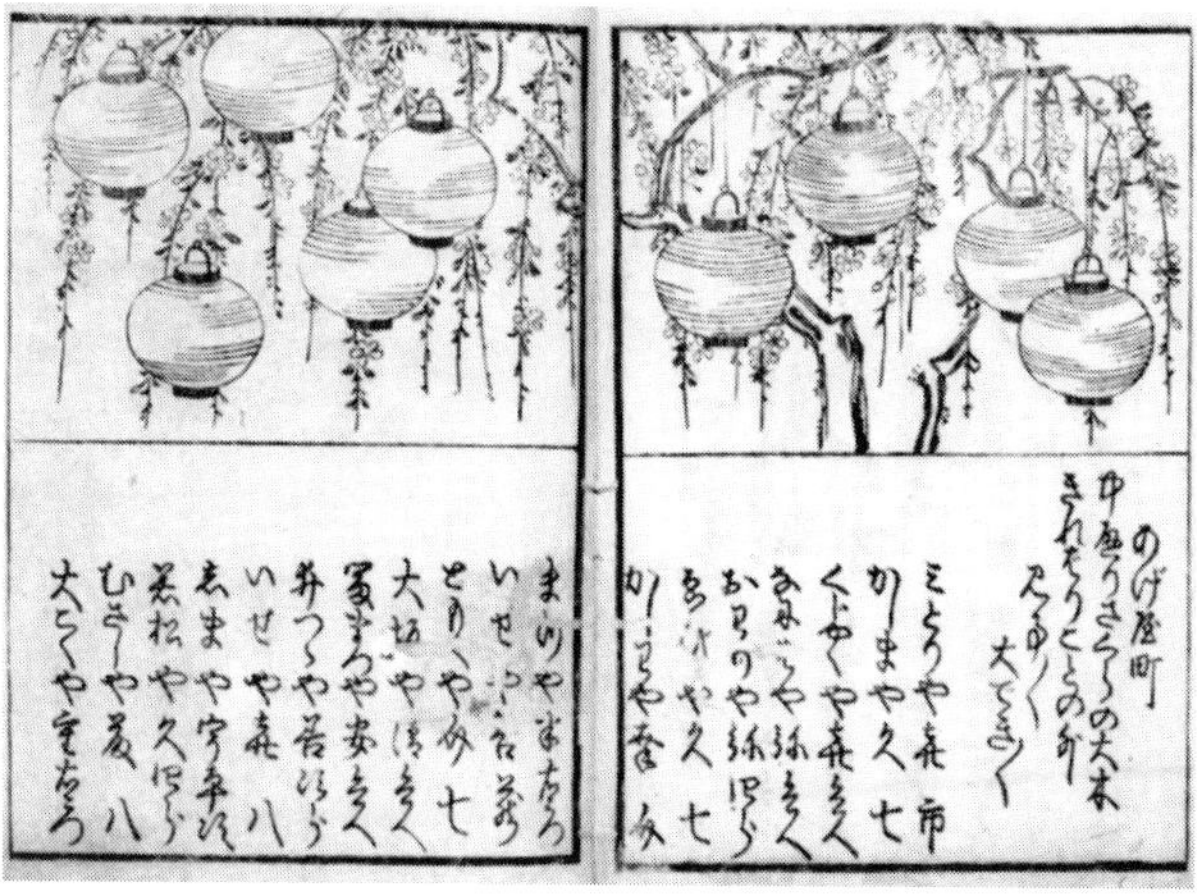

図4-5 『燈籠番附　青楼夜のにしき』

こうして吉原関係の出版物で知られるようになった蔦屋重三郎は、一七八三年、いよいよ出版業の中心地である日本橋通油町に店をかまえました。そこでさらに吉原細見『五葉松』、洒落本『三教色』、浮世絵師としての山東京伝が制作した『新美人合自筆鏡』（図4－6）、山東京伝が「艶気《うわき》」という概念を作った黄表紙『江戸生艶気樺焼』、中国語を駆使した唐来参和のパロディ洒落本『和唐珍解《ほうとんちんけい》』、そして洒落本の名作、山東京伝『通言総籬』『古契三娼』を出版しました。これらはすべて遊廓と遊女が登場する本です。

　蔦屋重三郎は一七八八年には、有名狂歌師を集めて狂歌絵本の傑作『画《え》本虫撰《ほんむしえらみ》』を制作し喜多川歌麿をデビューさせます。歌

図4-6 『新美人合自筆鏡』（1784年）（国会図書館）

麿の春画集『歌まくら』も、このころ出ています。

しかし一七八九年、世が「寛政」に入ると、山東京伝が、画工として加わった『黒白水鏡』で罰せられ、恋川春町は黄表紙『鸚鵡返文武二道』で定信に応じないまま死去しました。そして一七九一年、『娼妓絹籭』『錦之裏』『仕懸文庫』の三冊の洒落本で蔦屋重三郎は身上半減、作者の京伝は手鎖五〇日の刑を命じられたのです。華々しい活躍をしている有名人を使った「みせしめ」だったのでしょう（図4－7）。

ちなみに、たびたび取り上げてきた『通言総籬』をはじめとする、この取り締まりの対象になった「洒落本」ですが、これもまた遊廓なしには存在できないジャンルでした。遊女やその客の言動を、会話と写実的記録で書いたものです。

その記録の正確さと迫力と、まなざしの個性的なことでは、山東京伝の右に出る作者はいませんでした。洒落本には小説的なもの、漢文体のもの、パロディ風のもの、風刺的なものなど多様な書き方がありました。一七〇〇年代前半から始まり、取り締まりによって衰えましたがやがて復活し、後の人情本や滑稽本に受け継がれました。

図4-7　日本橋通油町・蔦屋耕書堂

もうひとつ、遊廓と遊女を世に知らしめた決定的な出版物があります。それは浮世絵です。すでに述べた吉原遊廓と遊女を題材にしたシリーズもののほか、喜多川歌麿と蔦屋重三郎は、「大首絵」を発明しました。歌麿の美人大首絵が出現するのは、一七九二年のこと、つまり身上半減後です。

蔦屋重三郎は、必ず売れる細見、往来物（寺子屋の教科書）、富本の稽古本（音曲の練習用）などを刊行する手堅い商売人でした。しかし取り締まり後はさらに範囲を広げ、すでに持っていた「絵草紙屋」の株だけでなく、「書物問屋」の株を取得することで漢籍、和学書も刊行するようになっていました。

ところで、ここで言う「株」とは、現代の株のことではなく、営業権のことです。出版業者兼書籍業者の株は、「絵草紙屋」の株と「書物問屋」の株に分かれていました。「絵草紙屋」は、浮世絵、黄表紙、洒落本など絵を入れ、平仮名が多く使われたポピュラーな本を作り、売るところです。「書物問屋」は「ものの本屋」とも言い、学問の本、漢籍、和歌の本などを扱うところです。

そういう手堅い商売をおこないながらも、「大首絵」という、全く新しい視野を持った浮世絵で浮世絵界にイノベーションを起こしたのです。私は、大首絵の構想は、すでにたくさん銅版画として入ってきていた、西洋画の肖像画によって得た構想だと推測しています。

大首絵によって描かれた浮世絵「扇屋内花扇」「玉屋内若梅」「扇屋内蓬萊仙《みやひと》」に表れた遊女の毅然とした品格は、文字を超えた感銘を人々に与えたでしょう（図4－8）。『当世踊子揃』には吉原芸者の愛らしさが匂い立ち（図4－9）、吉原の一日を描く『青楼十二時《とき》』は、多くの人の興味をひいたでしょう。

歌麿は蔦屋重三郎以外の出版社でも、吉原や遊女をたくさん描いています。蔦屋重三郎

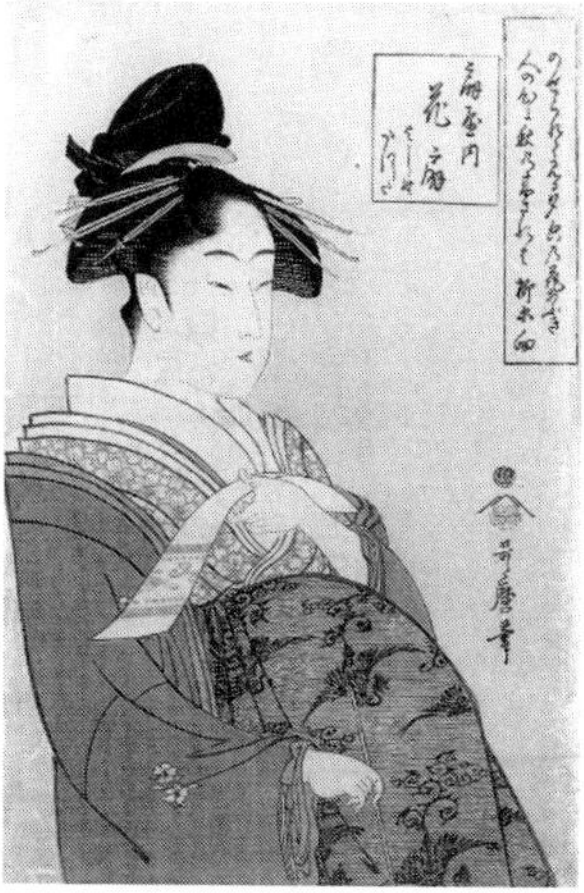

図4-8　扇屋内花扇
（メトロポリタン美術館）

図4-9　当世踊子揃・石橋

が作り上げた基盤の上で、吉原やそのほかの遊廓文化は、歌麿という天才の作り出す夢のような世界として、活気づいたのです。

ちなみに遊廓ではなく芝居ですが、一七九四年五月から一〇ヵ月のあいだに制作された写楽の大首絵も同様に、身上半減後の蔦屋を継続するために生み出された工夫でした。贅沢をとがめられてもなお、雲母《きら》刷りの大首絵という、華やかで贅沢でインパクトの強い商品を生み出した蔦屋重三郎は、江戸文化の質を押し上げ続けたのです。

江戸時代の印刷と出版は、吉原を「文化の別天地・発信地」に作り上げたと言っても過言ではないでしょう。

第五章　吉原遊廓の三六五日

さて、遊廓とはどういう空間で、遊女とはどんな人たちで、客はどういうことに気をつけていたか、だいたいのイメージがつかめたと思います。ではここからは、その吉原遊廓でどういう日々が展開していたか、まず一日の過ごし方を見ましょう。次に一年間の年中行事をたよりに、遊廓に一年間留学したつもりで、読んでみて下さい。遊女の着物、遊女の食べ物、遊女の言葉など、いろいろなことが見えてくると思います。

吉原遊廓の一日

喜多川歌麿に『青楼十二時《とき》』（一七九四年刊）という、すでに述べたシリーズがあります。青楼とは吉原遊廓のことです。一二時《とき》とは二四時間のことで、これは、吉原の二四時間を描いたシリーズです。江戸時代の時間の数え方は、夜中の一二時《じ》を「子ノ刻」として、約二時間ごとに十二支で刻に名前をつけて行きます。

まず「子ノ刻」は、夜着に着替えた花魁の隣で、花魁の脱いだ着物を新造が畳んでいます（図5－1）。絵の右上には時計が描かれています。江戸時代では、大名家や大店、遊廓などには和時計がありました。和時計とは、ヨーロッパから入ってきた歯車で動く時計を、日本の時計師たちが改造したもので、日の出から日の入りを六等分、日の入りから日の出も六等分し、一刻の長さが、おもりと歯車の調節によって季節ごとに変化する仕掛け

図5-1　青楼十二時・子ノ刻

図5-2　青楼十二時・寅ノ刻

になっているものです。

吉野のくだりで、豪商の親戚の女性たちが集まっている席で吉野がおこなったことのひとつに「時計の調整」というのがありましたが、そのことです。そういうわけで一刻の長さは季節によって異なりますが、ここでは約二時間としておきます。

次は丑ノ刻です。午前二時ごろです。紙《し》燭《そく》（紙をよって蠟を塗ったもので、照明具として使った）と懐紙を持って上草履をはいた花魁が起き上がって歩き出しています。この時刻は営業が完全に終わる「大引《おおびけ》」の時刻です。眠るために用足しに行くのでしょう。

寅ノ刻は午前四時ごろです。火鉢で鍋を温めている遊女と、キセルを吸っている遊女が話をしています（図5－2）。こんなふうにひとりの遊女が夜じゅう起きているわけではなく、そういう多様な過ごし方をしている、という意味です。

卯ノ刻、午前六時ごろには、これから仕事に出る朝帰りの客がいて、羽織を着せようとしています。羽織裏に大きな達磨の絵が入っている豪奢な羽織です。

辰ノ刻、午前八時ごろ、起床する遊女もいれば、客が帰ってようやくゆっくり眠れる遊女もいて、布団に横になる二人の遊女を描いています。

巳ノ刻、午前一〇時には寝ていた遊女も起きて、朝風呂に入ります。湯から上がった花魁と、茶を差し出す新造が描かれています。この時間、町には残り物を集める物もらいや、便所のくみ取りや、裁縫の届け物や、魚屋、八百屋、髪結いなどが通り、遊女屋や茶屋では掃除が始まります。昼ごろには医者や小間物屋や花売りなど、遊女に直接用事がある人たちが遊廓内に入ってきます。

そこで午ノ刻、昼一二時ごろ、髪を結っているシーンになっているのです。髪結いが来ているのですね。そこに手紙が届きます（図5－3）。

未ノ刻、午後二時ごろになると、いわば自由時間です。このシリーズでは占いをしてもらっているようですが、手紙を書いたり勉強にいそしんだりすることもあります。

申ノ刻、午後四時になるといよいよ仕事です。豪華な着物を着て支度がすっかり済んで

図5-3　青楼十二時・午ノ刻

図5-4　青楼十二時・申ノ刻

います（図5－4）。

酉ノ刻、午後六時です。茶屋女が提灯を持って迎えに来ています。客の待つ茶屋に迎えに行き、道中をするのですね。

戌ノ刻、午後八時の絵では、手紙を書いている遊女が禿に耳打ちしています。ここは張見世の格子の中かも知れません。そうだとすると、高位の花魁は張見世に出ませんので、その下の遊女でしょう。

亥ノ刻、午後一〇時ごろです。宴たけなわ、酒宴の光景です（図5－5）。しかしこの一〇時と、二時間あとの一二時には、拍子木が打たれます。日帰りの客は一二時までに帰るからです。その後は、食器を片づける音が聞こえ、火の用心やそば屋や按摩が歩き、町全体が暗くなります。仲之町

図5-5　青楼十二時・亥ノ刻

の真ん中には治安のために行燈がともされます。そしてさらに二時間後の午前二時には「大引」という営業終了の拍子木が鳴ります。

試される遊廓の客

遊女から見ると、遊廓の一日はこんな風に過ぎていきます。しかし客の時間は、もっと異なる過程があります。茶屋での食事、迎えに来た遊女との道中、遊女屋での宴会、床入り、遊女との会話など、どきどきするような時間が過ぎていくわけですね。

その詳細を書いたのが洒落本というジャンルで、多くが出版されました。特に初めての遊女と会う「初会」は、客にとってくつろぐどころか、試練の時間です。

『青楼絵本年中行事』にはわざわざ「初会の座敷」のシーンが描かれています。茶屋の男が三人の客を遊女屋（妓楼）の二階座敷に案内してきました。全盛の花魁なのでしょう。襖絵も床の間もたいへん立派です。床の間には琴が立てかけられ、硯箱と半紙が置かれて

図5-6 『青楼絵本年中行事』より「初会之図」

います（図5－6）。

床の間の前には、大きく豪華なたばこ盆が新造のものと三人分据えられています。新造のものは赤漆、黒漆塗りですが、花魁のものは金蒔絵です。その前に大きな百目蠟燭が、黄金の蠟燭たてに立っています。

花魁の席は床の間を背にして、その前です。この席は本来、客の席ですが、遊廓の座敷持ちであれば、その主人である花魁の席なのです。客人たちは紋付きの羽織を着て扇を持ち、たいへん落ち着かない様子です。

花魁が入ってきて宴席が始まったとしても、花魁はめったに客を見ません。しかし実は客の衣類、持ち物のセンスを窺っているのです。お金をかけていればよいということではなく、吉原ではほんもののお洒落、つまりその人物の文化程度を見られます。花魁を揚げる客は、それだけの教養と準備が必要だということです。

吉原の正月

華やかなこの町では、季節ごとにさまざまな祭りが催されていました。今で言えばイベントやコンサート、展覧会、そしてパレードです。

喜多川歌麿が絵を描き、十返舎一九が文章を書いて一八〇四年に刊行された『青楼絵本年中行事』は一年にわたっておこなわれる一八の年中行事が記載され、絵も描かれています。「青楼」とは、吉原遊廓のことです。正月は「仲の街年礼之記」という文章です。

まず年末の二五日から始まる「松飾り」について書いてあります。ちなみにここから書く一年の月日はすべて旧暦です。旧暦と新暦はその年によってずれ方が異なりますが、二〇二一年でいうと、正月元日は今の暦の二月一二日です。二〇二二年は二月一日です。約ひと月からひと月半足して考えて下さい。そのころの季節感が想像できます。ただし江戸時代に地球温暖化はなかったので、今より気温は低かったです。

さてその松飾りは「門飾り」とも言いますが、なんと町中と逆で、遊女屋に向けて飾られ、道の方が後ろとするのがきまりだったそうです。大晦日になると、遊女屋の主人とおかみさんから遊女たちに御簾紙《みすがみ》が三〆、二〆、一〆と、玉たばこ（葉たばこの包み）がそれぞれの格に従って、配られます。

御簾紙とは、御簾のように透き通った薄い柔らかい吉野の和紙のことで、遊女必携のものです。葉たばこも、長いキセルを使って遊女が座敷で、自分が吸い付けて客に渡すためのものです。これらは抱え主からの年末の挨拶といったところでしょうか。それに対して「中座」と呼ばれる高位の遊女より抱え主に着物を二枚ずつお返しします。

この大晦日のことを証言しているのは、「松葉屋（松葉屋半左衛門）」という店で新造を務めていた三穂崎という女性です。三穂崎を請け出して「おしず」として、病没するまでの七年間大切にしていた幕臣の大田南畝の全集の中に『松楼私語』という題名で収録されています。新造とは、高位の花魁（太夫、呼び出しなど呼び名は変遷した）のもとで修行しつつサポートする女性で、花魁とともに行動します。

この証言では遊女の格を表現するのに「座敷持ち」「部屋持ち」「まわり」と言っています。座敷持ちは二〜三部屋の座敷を占有し、そこに客を招く遊女です。「部屋持ち」とは、一部屋だけを占有している遊女です。「まわり」とは大部屋に暮らし、客とは別の部屋で会う遊女です。お返しをする「中座」は、座敷を持っている花魁のことでしょう。

大晦日の晩には、抱え主の家族が暮らす階下で田楽を焼き、豆腐汁を作って、来客をもてなします。遊女たちは二階で、買ってきた蛤そばを食べたそうです。遊女の正月はとても忙しいようで、いろいろな支度をして明け方の四時ごろにようやく一眠りすると、朝から遣手（遊女の監督、指導、取り持ちをするマネージャーの女性）がやってきて「早く雑煮の祝いをしなさい」と言ってまわるのですが、誰も起きません。

ようやく遊女たちも禿（花魁の身の回りのサポートや修行をする一三〜一四歳ぐらいまでの少女）たちも起きて風呂に入り、髪を結い、それが終わると遊女たちは禿ひとりひとりに蠟燭と髪すき油を贈ります。そうこうしているうちに遣手がまたやってきて、皆が並んで雑煮を祝います。雑煮は味噌汁に餅、菜っ葉、芋、大根を入れたものです。そのほかにごまめ、長ネギ、数の子、酢牛蒡、豆などが並びます。遊女たちひとりひとりに、お供え餅と小さな達磨と大黒恵比寿の作り物が配られます。

昼になると髪を兵庫髷に結い、象牙と金でできた櫛とこうがいを挿し、おせち料理をいただきます。おせちとして、鯨と大根の汁椀、タコ、牛蒡、にんじん、芋を盛った皿が置かれます。大根とにんじんとごまめの膾《なます》（酢の物）もあります。鉢の中には香の物です。おせちが済むと遊女たちは抱え主のところに行き、おかみさんにお決まりの土器《かわらけ》でお酒をさします。肴はスルメ。その時おかみさんは努力している遊女に、「お客を大事にして高位の遊女になりなさいね」と励ますのだそうです。元日の夜は一階の主人の座敷で、「大さわぎなり」と書いています。皆、気持ちをゆるめて遊ぶのでしょう。

遊女の着物

遊女がいったいどういう着物を着ていたか、気になりますね。ここで脇道にそれ、正月を中心に着物を見てみましょう。

むろん普段も花魁は豪華な着物を着ていましたが、正月の衣装は特別です。その極限は、歌舞伎『助六由縁江戸桜《すけろくゆかりのえどざくら》』の遊女・揚巻《あげまき》が着る衣装に見えます（図5－7）。打ち掛けには門松、水引、幣束、伊勢海老、羽子板と羽、手毬など、正月に縁のある文様が縫い取りあるいは刺繍され、金糸銀糸をふんだんに使っています。

図5-7　坂東玉三郎による人日の節句の打ち掛け

これほどではないにしても、正月になると、それぞれの遊女屋が「決まりもの」として、抱えの遊女たちに配る揃いの着物がありました。これを「お仕着せ」と言います。

正月二日の味噌のお雑煮をいただくと、主人の方から腰元を使いに出します。腰元は、台に白むくの着物と孔雀の文様を絞り染めで出した綾織の着物とを載せ、「座敷持ち」「部屋持ち」にはそれぞれ一枚ずつ渡し、「まわり」には白むくと、ふつうの絹織物に孔雀紋様をあしらった着物を渡します。他の文献でも、松葉屋では、年礼に着るのは孔雀の羽の文様を絞り染めにした孔雀絞りの着物だった、とあります。

そして松葉屋の遊女たちは髪に象牙蒔絵の櫛こうがいを挿し、駒下駄ではなく草履をはいたことが記されています。三穂崎（おしず）はこの草履を「うらつけ草履」と呼んでいます。普段の草履に裏をもう一枚つけて厚くした草履です。

すでに述べた藤本箕山の『色道大鏡』は、遊廓の慣習、用語、行事、遊女などを解説した遊廓の百科事典です。藤本箕山は京都の人で、しかもまだこの時代の遊廓は京都や大坂の方が主流でしたので、吉原のことは少ししか出てきません。しかし吉原の風習や価値観は京坂に由来するものです。そもそもどういう行事だったのか、この本でわかることが多いのです。

たとえばお仕着せについてです。抱え主から新しい着物を配る際の配り方が書かれています。松葉屋の三穂崎の証言より一〇〇年も前のことですので、少し紹介しましょう。

小袖（着物）を入れる箱の上に新しい着物を載せ、包んで熨斗をつけます。そこにそれぞれの遊女の名前が書いてあります。新しい着物は、最高位の太夫には四枚配られます。その下の「天職」には三枚、さらに下の「囲職」には二枚です。贈答は基本的には「反物」、つまりまだ着物になっていない着物一枚分の布を贈るものですが、主人から奉公人に贈る時には、仕立て代を払わなくて済むように、着物を贈るのです。

遊女は抱え主からだけでなく客から贈られることもあります。太夫からは遣手にも、身の回りを手伝ってくれる禿にも、着物を贈ります。また遊女からは抱え主に対してもお歳暮としてご祝儀や布を贈り、遊女屋や挙屋の従業員たちにも祝儀を配ります。まさに贈り物文化です。初期のころはさらに丁寧で豪勢であったことがわかります。

『色道大鏡』の一〇〇年以上あと、一七八七年に刊行された山東京伝作の洒落本『通言総籬』でも、その様子を見てみましょう。江戸町一丁目にあった「角の玉屋(玉屋山三郎)」では、遊女たちに牡丹の文様の着物を配る決まりがありました。一軒置いて隣の「扇屋(扇屋宇右衛門)」では、華やかにも十二単を染め出した着物を配りました。

その斜め向かいにあった「松葉屋」では、すでに見たように、孔雀の羽の文様を絞り染めにした孔雀絞りの着物です。江戸町二丁目の「大かな屋(かな屋治右衛門)」という店では黒地に花立てわき(曲線で中央がふくれ両端がすぼまった形を連続させた文様。そのふくれた部分に花の形を描いたもの)のお仕着せを配りました。

大かな屋から一軒置いて隣にある「若那屋（若那屋八郎右衛門）」では、若松に霞がかかった文様。大かな屋の向かいにあった「角の蔦屋（蔦屋利右衛門）」という遊女屋では、鷹の文様のお仕着せでした。そこから一軒置いた隣にある「丁子屋（丁子屋庄蔵）」は若松に額（若松の絵の周りに縁取りした文様）の着物。その隣の「松金屋（松金屋とめ）」では桜川つまり、流水に桜が散っている文様でした。角町にあった「大ゑび屋（大ゑび屋利右衛門）」はこれも華やかな鳳凰の文様です。

『通言総籬』でこれを思い出しながら語っている「おちせ」という女性は吉原の遊女だった人で、今は幇間《ほうかん》（男性の芸者。太鼓持）と結婚しています。松葉屋の孔雀と大ゑび屋の鳳凰を人々が「よくまちがひやしたっけ」と言っています。確かに孔雀と鳳凰は似ていますね。さらに、京町二丁目にある「中近江屋（近江屋善右衛門）」では、花格子（花文様を入れた格子縞）のお仕着せを配り、京町一丁目の「鶴屋（鶴屋忠右衛門）」では牡丹の裾文様か、緋縮緬の無地のお仕着せを配っていたそうです。

正月三日になると、また味噌汁の雑煮を食し、座敷持ちの遊女のみに黒鳶色に梅、鶯などの絞り紋様の入ったお仕着せが配られます。四日になると醤油味の雑煮に変わり、その四日と五日は自分の好きな着物を着ます。こうして、高位の遊女は正月のあいだに五通りほどの着物を次々に着替えて見せるのです。お雑煮の変化と着物の変化が、まるで連動しているようで面白いですね。

ちなみに、現代で着物を着る人たちは、一〇月から五月までは裏のついた「袷《あわせ》」を着て、六月と九月は裏をつけない「単衣《ひとえ》」を着て、七月と八月は薄物を着ます。一〇月から五月までは襦袢も袷で、そこに塩瀬という厚地平織の襟をつけます。六月から九月までは、襦袢も単衣か薄物で、そこに絽の襟をつけます。

江戸時代では旧暦九月九日（新暦の一〇月中旬ごろ）から旧暦三月末（新暦の五月中旬）まで、袷の中に真綿（繭を引き伸ばしたもの）を入れた「綿入」を着ていました。とても暖かいのです。旧暦四月一日に綿抜きをおこなって袷とし、端午の節句（新暦の六月中旬ごろ）まで袷を着ました。その後、単衣を着て（あるいは袷を単衣にして）、旧暦の九月一日（新暦の十月初旬ごろ）からまた袷にし、旧暦九月九日に綿を入れたのです。

遊女たちもこのルールに従って着物を着ていたと想像して下さい。町の女性たちと異なるのは、屋内ではおはしょりをせず、着物を引きずっていたことです。これは大名家の女性たちの着方です。

では外に出る時はどうしたかというと、帯の下の布をつまんで歩くか、その部分を紐で縛っておきます。また帯は町中の女性たちとは比べ物にならないほど豪華で、それを見せるために前に垂らしていました。着物の上に打ち掛けを着るのも、大名家の奥方のようです。当時は羽織は男性のものでしたので、女性の正装は打ち掛けだったのです。

着物以外で言いますと、すでに駒下駄と草履のことは書きましたが、髪には櫛、こうがいの他、何本ものかんざしを挿していました。初期は櫛だけでしたが、次第にかんざしの本数が増えていきました。

パレードとファッションショーと芸能の毎日

遊廓の特徴のひとつは「道中」つまり遊女たちのパレードです。普段は引手茶屋に遊女が客を迎えに行って客とともに帰るという行程で、それだけでも見物しがいのあるパレードでした。それが正月や桜の季節などになるとひときわ特別なものになりました。

正月二日の午後二時ごろ、いよいよ年始の挨拶「年礼」に出ます。ここに至るまで、元日の夜と同じく皆準備で「大さわぎ」だそうです。そうでしょうね。時代によりますが、ざっとみて大籬では遊女が一〇名から一五名います。その他、新造や禿がいます。その皆がいっせいにお仕着せを着て髪を結うのですからたいへんです。しかし絵を見ると、年礼に出るのは高位の遊女と新造と禿のみのようです(図5－8)。

松葉屋は江戸町一丁目の角にありますので、そこからまず堀《どぶ》のある河岸の方まで歩きます。そこから引き返して仲之町通りに出て、番所のある伏見町という細い道に入り、河岸

図5-8 『青楼絵本年中行事』より「仲の町年礼之図」

を回って江戸町二丁目に出ます。そこからまた仲之町通りに出て、端までずっと歩き、京町一丁目、二丁目、揚屋町、角町を巡ります。そこから江戸町一丁目近くにある茶屋「上総屋」から始まって、七軒の茶屋にそれぞれお客が待っている所に挨拶まわりをおこない、お客とともに松葉屋へ戻ります。いつもの道中よりずっと長いのです。

松葉屋のみならず、正月二日にはほとんどの遊女屋が年始の挨拶まわりをします。やはり花魁は新造や禿を引き連れて仲之町を江戸町から京町までゆっくりと歩きながら、世話になっている茶屋などに挨拶にまわります。「道中」はこのような季節の行事の際や、先述したように、お客さんが茶屋に入って遊女の迎えを待っている時におこないます。

花魁は非常に高い駒下駄を素足にはき、長い打ち掛けを着たまま、外八文字と呼ばれる歩き方でゆっくりと歩きます。十返舎一九によると、駒下駄を最初にはいたのは角町にある「菱屋」という店の芙蓉という遊女だとか。それから遊女たちは皆、道中に駒下駄をはくようになります。松葉屋の遊女だけは正月は厚手のうらつけ草履をはきました。このように店によって格式や好みがあり、それがそれぞれの特徴でありブランドとなっていました。

正月は、京町二丁目の大菱屋（大菱屋久右衛門）だけが元日に挨拶まわりをしましたが、他の店はすべて二日に年始の礼に出ました。ということは、二日の日にはここまで書いてきたような、豪華で華やかな着物を着た遊女たちが、仲之町を行き来していたわけです。まるでパレードとファッションショーが一緒になったような日です。

遊女のいる店の名前にも注目して下さい。江戸時代の店名はほとんどがこのように、個人名です。創業者の名前が店つまり企業名になっているわけです。江戸時代のブランドは個人が誇りを持って守っていくわけです。一代で閉じる店もありますが、代が変わっても名前を受け継いで続ける店もあります。多くが男性ですが、吉原では前述の「松金屋とめ」のように、女性の名前も見えます。

さらにお正月には、吉原に大黒舞が入りました。大黒舞は、大黒天の面と頭巾をつけた人が打出の小槌を持って祝いの詞を唄いながら舞うものです。本来は門付け芸ですので、

図5-9 『青楼絵本年中行事』より「曲中太神楽図」

茶屋に門付けして歩いたのでしょう。正月二日から入り始め、二月の初午《はつうま》ごろまで毎日のように吉原に入っていたようです。

太神楽も入りました。もともとの太神楽は、獅子のかしらと白袴をつけて、大太鼓・小太鼓を打ち、笛を吹いて踊っていました。しかし江戸時代も後期になると、笛太鼓に合わせて、筒型の籠を使って、玉の曲芸を見せる芸に変わります。先述した『青楼絵本年中行事』には、遊女屋の二階からご祝儀を渡してこの玉の曲芸を見物する様子も描かれています。「玉屋　袖浦」という文字が見えますが、ご祝儀の文字だと思われます（図5－9）。

吉原には大きな獅子だけではなく、小さくてかわいらしい角兵衛獅子《かくべえじし》も入ってきたはずです。少年が木綿の筒袖に卍紋の胸当てをつけ、くるぶしでつぼまった裁付袴《たっつけばかま》をはき、腰に鼓を、頭に赤い獅子頭をつけ、面白い口上を言いながら逆立ちをしたり、金の鯱《しゃちほこ》のように体をまげたり、二人で組んで複雑な形を作り出したりするのです。

てっぺんに白い御幣を垂らし、赤い布をまわりに垂らした巨大な傘を持った五、六人の住吉踊りの集団も正月に入ったかも知れません。普段から大道で鳥追（女太夫）の三味線に合わせて踊っているからです。鳥追も正月から吉原に入ったようです。ともかくこうして、正月から吉原はとても賑やかだったのです。

『青楼絵本年中行事』には、二日はとりわけ見物人が集まり、恵方参りの子供を連れた人が吉原に立ち寄ったり、下女を連れ夫婦で見物に来ていたり、亀戸天神にある妙義神社にお参りしてからここに寄ったのはいいけれど、肩車して遊女の道中を見ようとして妙義神社のお札を落とすなど、大変な騒ぎだった、と書かれています。

正月の三が日は「紋日」と言って、遊女たちの馴染みのお客さんたちが集まる日です。一年間の紋日が決まっていて、遊女たちはその日が近づくとお客さんたちに手紙を書き、来てくれるよう促します。正月二日のこの華やかさはとても晴れやかなものですので、やはりお客さんは集まったでしょう。しかし金額の面からいうと、紋日は特に高く、抱え主や従業員や芸者衆や芸人たちに祝儀を渡しますので、とりわけお金がかかったことでしょう。

正月の特別な日つまり「紋日」は、一一日、一五日、一六日、二〇日、と続きます。三穂崎（おしず）によると、二〇日は仲之町の恵比寿講、二一日は松葉屋の恵比寿講でした。恵比寿様は商売繁盛の神様ですので、恵比寿様を祀って祝宴をするのです。二一日は松葉屋の座敷に主人や客や幇間（男芸者）が集まり、素人芝居をやるのだとか。この日は遊女たちも何をどれだけたくさん食べてもよく、おかみさんがご飯を盛ってくれます。牛蒡とさるぼお貝の汁や、なまこ、大根、にんじん、くねんぼ（柑橘類）の膾、熊笹の葉の上に香の物を置き、鯉のあらい、たらと昆布の汁、塩鮭に白酒をかけたものも出てきます。これらを遊女たちもこの日ばかりはたらふく食べたようです。楽しそうですね。

さらにお彼岸の明ける二月の一〇日も紋日です。そしていよいよ、次の紋日が三月三日の節句です。

桃の節句、雛祭り、そして桜の吉原

三月三日は江戸時代では上巳の節句と呼びました。上旬の巳の日という意味ですので必ずしも三日ではないのですが、やがて三日になりました。桃の節句とも言いました。

雛祭りになったのは、この上巳の日に人形に穢れを移し川に流したからです。新暦では四月の上旬から中旬です。桜が満開になり、太陽が輝く季節ですね。それとともに疫病の可能性も高まるので、穢れを払うのです。女性の節句という意味はなく、あらゆる人にとって明るい季節の到来でした。

『助六由縁江戸桜』の四季を象徴する花魁・揚巻は、桜の縫い取り文様を中心に太陽、陣太鼓、その他ありとあらゆる文様を纏っています。まさにこの日からは吉原でも芝居町でも、花の季節だったのです。

節句に先立って、二月二五日には、仲之町通りの真ん中にある植え込みに桜の木が運び込まれ、いっせいに植えられました。そうやって桜の季節にはここに桜並木が出現しました。三月の晦日に取り去ってしまうまで、吉原は「花見の名所」と化します。この桜の植え付けの費用は、五分の二は見番（芸者の取り次ぎ、送迎などをおこなう所）が、五分の一は茶屋が、残りの五分の二は遊女屋やその他の遊廓内の業者が負担しました。植えるだけで一五〇両かかったそうです。すでにご案内したかけそば換算では、一五〇両は一七五〇万円です。そのぐらいの価値があったのは、うなずけます。

『青楼絵本年中行事』には、扇屋の花魁が茶屋にお大尽（客）を迎えに行き、お大尽が二人の禿に挟まれて先頭を歩くシーンが描かれています（図5－10）。その後ろに江戸市中で男芸者として活躍する「江戸神」と言われる幇間、「地神」と言われる吉原の幇間、黒紋付きの羽織を着た吉原見番所属の「男芸者」が付き添い、「中良」と呼ばれる男の雇い人

図5-10　『青楼絵本年中行事』より「仲の町花盛之図」

が傘をかかげています。さらにその後ろに二人の新造に挟まれた花魁が歩き、その後ろに番頭新造という花魁の秘書役がいて、「若者」と言われる、遊女屋に雇われている男衆が花魁の頭上に傘をかかげています。桜並木に沿って悠然と道中をする光景は、それは豪奢なものだったでしょう。

　女性も子供も花見に押しかけました（図5－11）。この桜を植える催し物は一七四九年に、茶屋の経営者たちの発案で始まりました。吉原をテーマとする浮世絵の中で、圧倒的に多いのが、この桜の季節の吉原です。遊廓を舞台にした歌舞伎『助六由縁江戸桜』や『浮世《うきよ》柄比翼稲《づかひよくのいな》妻《ずま》（鞘当）』にも、満開の桜が登場します。まるで演劇空間のような遊廓のしつらいが、さらに、本当の演劇空間で再現されたのです。この

図5-11　『世事画報』に見える明治の吉原の「花びらき」

仲之町通りの植え込みには、その他の季節にも牡丹などが植えられ、菊人形も登場し、吉原は一年中、とてもきれいな町だったのです。茶屋が吉原全体のプロデューサーでありディレクターである、と述べたのは、このように吉原という舞台を日々、演出しているからです。

この三月の節句は、遊女や新造にとって、別の意味で楽しいものでした。三穂崎（おしず）は、この日は抱え主のいる座敷に雛を飾り、また別に、禿たちのために内裏雛を飾ったと証言しています。雛を見ながら白酒を作って皆で飲んだということです。堅苦しい礼日ではないので、お仕着せはなく、それぞれ自分で着飾り気楽に遊んだようです。

『青楼絵本年中行事』では、抱え主の夫婦が火鉢の所に座って見守る中、遊女や禿や「常《じょう》神《がみ》」と呼ばれる、内証（抱え主たちの座敷）に出入りする客人が、目隠しの鬼ごっこをして遊んでいます。天井からは、市中ではめったに見られない「八間《はちけん》」という大きな照明器具がさがり、畳の上には、これも市中ではあまり使わない大きな獅《し》嚙《かみ》火鉢（獅子の足や顔で装飾した火鉢）が置かれています。ただしこの絵には雛飾りがないので、飾る遊女屋も飾らない遊女屋もあったのでしょう。でも皆がのびのびとして楽しそうです。

このように吉原に来る客たちは、座敷の中の琴や三味線や踊り、遊女たちの生け花や茶の湯、和歌、俳諧だけでなく、豪華な着物に彩られたパレードや年中行事を楽しみました。年中行事は吉原にとって、座敷に上がるかどうか別として、お客さんたちが立ち寄ることを促すための、大事な催し物でした。

五月五日の端午の節句、七月七日の七夕の節句、九月九日の重陽の節句（菊の節句）はとりわけ重要な行事でした。前述した歌舞伎『助六由縁江戸桜』の遊女・揚巻が着る衣装で言うと、端午の節句には鯉の滝登りをテーマにした大きな帯を締めています。七夕の節句には、笹の葉に結びつけられた多くの短冊が帯に飾られています。重陽の節句には菊の刺繡が鮮やかです。

遊女はこのように、一年の循環や季節の象徴でもあったのです。吉原では歌舞伎の中の遊女ほど豪勢ではないにしても、遊女はやはり季節の象徴であり、生命のしるしであり、自然や日本の文化を表現する巫女的な存在でした。

町全体が美術館になる夏

お盆になると、旧暦六月晦日から七月晦日までの一ヵ月間、茶屋ごとに有名な画家や書家の手になる燈籠をつるす「玉菊燈籠」の行事となります。旧暦のお盆は七月一五日（新暦では八月下旬）の満月の日で、この日は死者を思い出し弔います。

世間では家族の中の亡くなった祖先をナスやきゅうりの牛馬でお迎えし、ともに過ごし、盆踊りを一緒に踊り、送り火とともに送り出します。両国橋では、水難事故で亡くなった人たちを弔い、また疫病退散の祈りも込めて、毎日のように花火を上げます。ちなみに隅田川の川開きは旧暦五月二八日（新暦の七月中旬）で、そこから三ヵ月間両国橋は緞帳芝居（三芝居とは別の大衆的な芝居）や露店や納涼船や人で賑わいました。その期間は、誰でも花火屋にお金を渡して花火を上げてもらうこともできました。きっと遊女達もお客さんに連れられて納涼船に乗ったことでしょう。

ところで吉原で亡くなった遊女の中に、角町の中万字屋の玉菊という遊女がいました。吉原の盆は、その遊女の弔いの日なのです。玉菊は一七二六年に二五歳で亡くなったとのことです。三周忌の年の盆に追善の提灯を仲之町の茶屋ごとに出し、そこから始まったのです。

この期間、町全体が美術館になります。真っ暗な田圃の中で、吉原だけが光り輝く場所であると述べましたが、このお盆のころはいっそう明るかったでしょう。玉菊は河東節の名人だったようで、追善の時には「水調子」という特別な河東節の曲が作られました。

いったいなぜ多くの遊女の中で、玉菊だけは毎年の追善がおこなわれるようになったか詳細はわかりませんが、おそらく芸能の面で客の尊敬を集め、茶屋にも慕われた人柄だったのでしょう。『青楼絵本年中行事』で十返舎一九は、「玉菊といへるは、悠にやさしく情《なさけ》ありて、人の覚《おぼへ》も深かりしが」と書いています。まさに伝説化している遊女なのですね。

遊女の物語の多くは人柄が語られます。個性豊かで記憶に残る遊女たちがいたからこそ、吉原は文化の中心になり、長く続いたのだと思われます。

『青楼絵本年中行事』では、開け放した茶屋の中で、茶屋の亭主、おかみ、そして娘が客を囲み、亭主が鳥の形の燈籠をかけています。その前を遊女屋「丁子屋」の遊女と男衆が通り、芸者と三味線の箱を持った茶屋の男衆が通り、また、燈籠番付を売る番付売りが通っていきます（図5－12）。

十返舎一九は、玉菊のことだけでなく、この行事が盛大になる契機となった事柄を書い

図5-12 『青楼絵本年中行事』より「燈籠之図」

ています。それは小川破笠という蒔絵師のことです。この破笠の細工になる燈籠が素晴らしく、評判を呼んだようで、これをきっかけに絵師や職人たちが腕をふるうようになり、お盆の行事が盛大になっていったのです。職人が作った江戸文化を象徴する出来事です。吉原が工芸の面でも見るべきもののある、美術館のようなところだったこともわかります。

白い打ち掛けで祭りの季節を迎える

さて玉菊燈籠が終わると旧暦八月になります。八月一日（八朔）には、遊女たち全員が白い打ち掛けを羽織りました。『青楼絵本年中行事』の絵には、兵庫髷の花魁や島田髷の花魁五人ほどが、茶屋に集まっています。全

図5-13　『青楼絵本年中行事』より「八朔之図」

員、着物の上に白い打ち掛けを羽織っています(図5－13)。

　喜多川歌麿の絵では、紙に凹凸をつける「から摺り」で、白い生地に織り文様があることを表現しています。四人の禿は白い着物の上に帯を締めています。新造と茶屋のおかみさんは白を着ていません。花魁たちの白むくを目立たせるためでしょう。

　この行事には諸説ありますが、私は、武家で八朔の日に大名や旗本が白い帷子《かたびら》を着て登城し、将軍に祝辞を述べる行事がおこなわれていたからだ、と考えています。

　この武家の行事のわけは、徳川家康が一五九〇年八月一日に江戸城に入った、とされているから、と説明されます。いわば江戸徳川の誕生日のようなものです。しかし家康の入城はこの日ではありませんでした。従ってもっと古い行事のようです。

八月一日は鎌倉時代から「憑《たのみ》」と称する互いに贈答をする行事が武家にあったのです。「憑」は「田の実の節句」という農村行事が起源です。ちょうどこの時期、早稲の実がつくのです。稲の初穂を神に献じるところや、作柄をほめてまわる予祝儀礼や、米粉で馬を作る行事など、さまざまな田の祭りがありました。盆の終わりなので、ナスに足をつけて田の神を送る地方もあります。

田の実は「頼み」につながり、農作を助け合った家どうしで初穂を贈り合ったことに源がある、と推測されています。遊廓の行事は農業行事やそれを母体とする都市の民間行事と、無縁ではないのです。

この八朔の日から、いよいよ「俄《にわか》」が始まります。旧暦八月一日（新暦九月中旬）から、晴天の日のみ三〇日間にわたっておこなわれる秋の祭りです。吉原の中に毎日、移動の踊り屋台が現れます。俄の屋台は二階建てで、下には音楽を担当する地方《じかた》、上には踊り手がいました。茶屋や遊女屋の前で止めては踊りを繰り返すのです。地方も踊り手も、遊女ではありません。吉原の芸者衆です。ひと月にわたって毎日おこなわれる、この壮大な祭りを支えたのは、芸者という存在だったのです。

すでに書きましたが、遊女は「傾き（かぶき）踊り」によって現在の歌舞伎を開発した女性たちでした。出雲の阿国が始めた「傾き踊り」を、京都の遊女たちが継承し、常設の舞台で興行化したのです。「傾き踊り」に三味線を導入したのも、遊女たちでした。つまり遊女は芸能者だったのです。

しかしその遊女歌舞伎は、あまりにも熱狂的な人気を集めたため、危険視され、弾圧されます。歌舞伎から女性たちが追放されて若衆歌舞伎になり、野郎歌舞伎になって今日に至ります。

遊廓がなぜ出現したのか、そのもっとも大きな理由は、演劇から女性が追放されたことだったのです。しかし遊女は芸能を持ち続けます。芸の能力を持った遊女たちを集め、遊廓が作られました。その中で遊廓は、「かぶき」と呼ばれていた踊り子たちの「踊り」ではなく、伝統的な「舞」を中心に据えました。そしてやがて、遊女たちの教養の高さ、着物の素晴らしさ、道中の美しさ、人柄の暖かさ、言葉の面白さ、振る舞いの見事さ、もてなしの心地よさ、そして年中行事の華やかさなど、芸能以外の側面が注目され、遊女の存在がそちらの方で評価されるようになると、芸能は別の人々に委ねられました。

それが、かつての「傾き踊り」に由来する「踊り子」たちの存在です。市中に散らばっていた踊り子たちを遊廓に呼ぶようになり、やがて遊女屋に常駐する芸者と、遊廓内の自宅に暮らして見番がマネージメントする芸者とが生まれます。男芸者も女芸者も揃い、吉原芸者という極めて格の高い芸者層が生まれました。町芸者の出現に遅れて、吉原では一七六一年ごろの細見（ガイドブック）が芸者の初出です。

この吉原芸者たちが本領を発揮するのが、吉原俄でした。

劇場都市・吉原の祭り「吉原俄」

吉原俄は一七六四年ごろ始まったと言われます。では、吉原俄はどのようにおこなわれたのでしょう。

喜多川歌麿は『青楼仁和嘉女芸者二の替り高瀬湊の栄』『吉原仁和嘉　隅田川乗合船』『引手茶屋の俄衆』『青楼仁和嘉女芸者部』など、俄の際の芸者たちの姿をたくさん描いています。吉原を訪れる客たちにとって俄の祭りは大きな意味を持っていたのです。そして俄の祭りは、遊女のというより、芸者衆のイベントだったのです。

歌麿の浮世絵はとても魅力的です。芸者衆は俄が始まる前から稽古に余念がなく、とくに獅子連は人気の的でした。『青楼仁和嘉女芸者二の替り高瀬湊の栄』は、一七九八年の俄を写したもので、大きな船の作り物に九人の芸者衆が乗り、太鼓をたたき三味線を鳴らし、踊っています（図5－14）。このような山車を移動させながら、茶屋の前で踊ったことがわかります。山車の前を、花魁と禿と新造が歩いています。客を迎えに行く遊女です。

図5-14　喜多川歌麿「青楼仁和嘉女芸者二の替り高瀬湊の栄」

つまり芸者衆がひと月にわたって毎日、祭りをおこなっている間も、遊女たちは日常の仕事をこなしている、というわけです。

『吉原仁和嘉　隅田川乗合船』は一七九五年の俄に取材した作品で、これも船の形の山車に七人の芸者衆が乗り、「宝船」に見立てて小鼓と三味線と唄を披露しているようです。同じ年の俄に取材した『吉原仁和嘉弐ノ替り　四天王大江山入』は常磐津の師匠たちが語り、『吉原仁和嘉二ノかわり　唐子遊』では長唄の師匠たちが語っています。この様子から、音曲と歌と踊りを、一定のストーリーのもとに舞台化し、それを山車に乗せることで移動舞台によるミュージカルを演じていることがわかります。

歌舞伎が男性だけのものになり、そこから追い出された女性たちは、吉原において一方では遊女という最高の女優となり、一方で芸者衆という芸能のプロフェッショナルになったのです。

『引手茶屋の俄衆』は、遊女と芸者衆を同じ画面に入れています。茶屋には花魁と若い客、新造、禿、茶屋のおかみ、男芸者、女芸者がいます。男芸者は朝鮮通信使行列の扮装をしているので、俄に参加しているのでしょう。おそらく俄の最中に来た客が、芸者衆を茶屋に呼び、迎えに来た花魁と一緒に楽しもうというシーンでしょう。

　祭りには一部の禿も参加していたようです。京町二丁目の遊女屋は共同で「鹿嶋踊常陸帯」という狂言を出したそうです。『青楼尓和嘉鹿嶋踊』はそれを描いたもので、「金屋平十郎」の店の二人の禿と「大菱屋久右衛門」の店の二人の禿が描かれています。このような機会に、禿たちは芸者衆から踊りを習ったに違いありません。

『青楼仁和嘉女芸者部』は、ひとりひとりの芸者衆の美しさと見事さがよくわかる絵です。「たま屋」という茶屋で獅子木遣りの衣装をつけている芸者「おいと」が描かれています。珍しそうに見ている二人の禿がそばにいます。「まつ屋」という茶屋には芸者の「おちゑ」がいます。茶屋の男衆に三味線箱を持たせ、「大万度」という俄の踊りに出かけようとしています。「万度」は長い柄のついた行燈のことで、それと一緒に、男髷と男装で手古舞《てこまい》をするのです。この男装に金棒を持ち、木遣りを歌う手古舞は、その後今日まで、祭りにおける芸者衆の風俗となりました。

大津屋という茶屋には芸者の「秀松」「八十吉」「いつ清」がいます。後ろには大きな獅子頭があり、三人が獅子木遣りをおこなう獅子連であることがわかります（図5－15）。荻江節で知られる芸者の「おいよ」と「竹次」が描かれている図では、二人が「大万度」で踊る準備をしています。

図5-15　「青楼仁和嘉女芸者部　大津屋」

吉原俄は明治時代になっても続きました。大門には、「全盛遊」と書いた高張り提灯を立てて景気をつけます。仲之町の両側に木の柵を設けて境界を定め、仲之町に沿って立ち並ぶ茶屋は、屋号を書いた朝顔行燈を点火します。警察に開催を届けると、芸者たちは芸者会所に集まって籤を引き、出演の順番を決めます。俄では獅子木遣りをおこなう連中（獅子連）がいちばん人気で、皆、争ってなりたがるのです。

獅子連は籤で一二人ずつ組になり、俄が始まるまでの一〇日間、毎日朝から夕まで木遣りの稽古に励みます。また踊りの連中も稽古に集中します。花柳寿輔が代々無料で教え、毎年新作を踊るのです。男芸者たちは滑稽な茶番を考え出し、なんとか喝采を得ようと必死です。稽古中の昼食は鰻丼と決まっていたそうです。豪勢ですね。

しかし、こんなに祭りに夢中になっては仕事になりません。そこでこの稽古の間、芸者たちは客に呼ばれても座敷に出ないことになっていました。そして稽古期間が終わると、鳴り物入りで総ざらいをします。

俄の初日が始まる前、特別に見せる機会がありました。警察官や会所に詰めている人たちに、まっさきに見せるのです。開催初日当日は、午後四時に太鼓を打ち鳴らし、その太鼓は会所から出発して仲之町をまわり、今日は俄がおこなわれますよ、と知らせます。雨天の場合は太鼓が出ないので、俄が無いことがわかる、という仕掛けです。

午後七時になると、その日に定めてある茶屋の前から出発し一巡します。獅子木遣りから始まって、一一時まで続きます。こうして、前半一五日間、後半一五日間、祭りが続いたのです。後半のことを「二の替わり」と呼びました。

俄は屋台でおこなわれます。屋台には提灯を下げ、三味線、長唄、囃子がつき、茶屋の前に止まっては、踊りが披露されます。地方（演奏者）は、三つ紋付きのねずみ色の縮緬の着物を着て、緋縮緬の裾回しをつけ、白の半襟、黒繻子の帯、白足袋と決まっていました。髪は島田に結い、ススキのかんざしを挿します。

一方、人気の獅子木遣り連は、男髷、腹掛け、片肌脱ぎ、裁付袴、紺足袋、わらじ、銀鎖の掛け守り（首にかける大きなお守り）、牡丹の扇、自分の名を書いた提灯と、着るもの、持ちものを揃いにし、台に載せた獅子頭とともに、木遣りを歌いながら歩きます。基本的には茶屋に門付けしてゆくのですが、客が代金を払って屋台ごと雇うこともありました。

さてこうしてみると花見、盆の燈籠、祭りなど、都市につきものの行事が、江戸の中でもおこなわれているにもかかわらず改めて吉原の中で再構成されていることがわかりますね。

吉原の仕掛けは、江戸の時間の中に、さらに入れ子状に吉原の時間を作り出すことにありました。登場人物は遊女、助っ人は芸者、プロデューサー兼演出家は茶屋や遊女屋の経営者たち、その周辺に、植木屋、呉服屋、提灯屋、飾り物職人、版元、絵師など、江戸の代表的な商人、職人たちがかかわっていたのです。

吉原は、プロフェッショナル総動員の、演出された劇場都市だったのですね。

吉原の月見と「つき出し」

吉原俄は、このようにたいへん賑やかで長期間にわたるお祭りだったのですが、実は

『青楼絵本年中行事』には吉原俄が描かれてもおらず、記述もありません。三穂崎（おしず）の回想にも吉原俄は出てきません。むしろ八月は一四日の待宵、一五日、一六日の月見に注目しています。

待宵は遊廓が賑やかになり、一五日、一六日には肥前座の人形芝居が遊廓に入り、新造が二〇人ほど付くのだと言います。月見には提灯が一〇〇張ほど作られ、吉原に来た客たちはそれを持って帰ります。飾り物も毎年変えて、強飯の蒸籠は二階の高さまで飾られるのだと言います。『青楼絵本年中行事』によると、なじみの客には杯が配られ、座敷には台を置いてそこに木を植え、山を築き、提灯をあたかも星の如くたくさん連ね、面白おかしい物真似やはやり歌を、幇間たちが披露します。「伝吉が妙音、松蔵が妙手、七平が滑稽、無雅にしておかしく」というのは、幇間つまり吉原の秀でた男芸者たちの芸のすごさを称賛する言葉です。

このように遊女を中心とした『青楼絵本年中行事』には吉原俄が描かれませんが、月見はとても大事にされていました。遊女の方が伝統的で芸者の方が新しいもの好き、遊女の文化は和歌的で芸者の文化は俳諧的なのです。

ところで三穂崎（おしず）は、「年中いつちにぎやかなるは月見とつき出しの出る也」と証言しています。月見とともに賑やかだった「つき出し」とはいったい何でしょう？

図5-16　『青楼絵本年中行事』より「新造出しの図」

これは月と関係あるのではなく、「突き」です。新しく遊廓に遊女としてデビューする新人を、お客様と遊廓関係者に「突き出す」のです。「新造出し」とも言われます。この遊女のデビュー行事がすごかったのです（図5－16）。

それまで花魁の弟子兼世話係だった禿が、ひとり立ちの遊女としてデビューするわけですから、遊廓中で応援します。それを取り仕切るのは、師たる花魁でした。

『吉原大全』（一七六八年刊）という書物によれば、新造出しの一〇日ほど前に、七軒ほどの遊女屋からお歯黒をもらい受け、禿につけ初めをします。当日になると花魁は遊廓中にそばと赤飯を配ります。竹村伊勢という有名菓子屋の蒸し菓子を入れた蒸籠が高く積まれ、その上に白木の台を載せ、そこに縮緬や緞子、錦など、高価な反物を積みます。姉女郎である花魁の部屋にも、白木の台に反物やたばこ入れ、扇、手ぬぐいなどを大量に置いて、祝いに来る人々に配ります。その日から七日間、花魁はデビューしたての妹女郎に毎日異なる着物を着せて引き連れ、遊廓中に挨拶にまわります。それが済むと今度は仲間内から挨拶を受けます。この新造出しはひとりとは限らず二人分おこなうこともあります。

妹女郎の出世のために、たいへんなお金を花魁が出費するわけですが、もちろんその原資はなじみの客でした。

「夜具の敷き初め」つまり披露も、大きな催し物でした。デビューした遊女が座敷持ちや部屋持ちになった時、それを祝う儀式です。客より贈られた夜具や長持、碁、将棋、双六、琴、三味線、書物箱などを飾り、贈られた遊女は皆にそばを振る舞い、遊女屋が雇っている男衆や、茶屋や船宿の男衆にまで祝儀を出します。夜具を贈った客はその遊女との比翼紋を染めた手ぬぐいを配ります。さらに花魁の衣装、新造や禿のお仕着せ、傘、提灯にまで客の紋を入れてお披露目します。

このお披露目について『青楼絵本年中行事』は、花魁は琴や三味線を稽古し、松花堂の手跡を習い、茶の湯を学び、香道を習い、歌を詠み、生け花をおこなうなどして育てられてきた。その花魁に贅を尽くさせていることは千金に値し、「お大尽」としての名を高めるものだ、と述べています。突き出しをバックアップする男性をほめちぎっているわけです。

暮れてゆく吉原

吉原の一年も秋が深まり、冬に向かっていきます。まだまだ紋日と呼ばれる、遊女が必ずなじみの客を呼ぶ日が、秋から冬にかけてもあります。

九月九日の重陽の節句は、『助六由縁江戸桜』の揚巻も、菊の刺繍をいっぱいに散らした着物と帯で祝います。きっと遊女たちも菊にちなんだ着物を着て菊酒をすすめたことでしょう。九月一三日の「後の月」(十三夜)は、月見を大切にする人々にとって必ずお祝いする日です。そして一一月八日の「ほたけ、おひたき」などと呼ばれる火を祀る行事では遊女屋の庭でみかんを撒き、禿たちに取らせます。一二月一三日は煤はきの日です。一七、一八日は浅草の歳の市。二〇日前後には餅つき、と続きます(図5－17)。

このように吉原遊廓は、季節の変化に極めて鋭敏に対応し、その変化を遊女も客も味わいながら、独特の文化として継承していたのです。樋口一葉の『たけくらべ』には、次のような名文があります。

春は桜の賑《にぎわ》ひよりかけて、なき玉菊が燈籠の頃、つゞいて秋の新仁和賀には十分間

図5-17　『青楼絵本年中行事』より「餅つきの図」

に車の飛ぶ事、この通りのみにて七十五輛と数へしも、二の替りさへいつしか過ぎて、赤《あか》蜻蛉《とんぼ》田圃に乱るれば、横堀に鶉《うづら》なく頃も近づきぬ。朝夕の秋風身にしみ渡りて、上清《じょうせい》が店の蚊遣香《かやりこう》、懐炉灰《かいろばい》に座をゆづり、石橋の田村やが粉挽く臼の音さびしく、角海老が時計の響きも、そゞろ哀れの音を伝へるやうになれば、四季絶間なき日暮里の火の光も、あれが人を焼く烟《けぶ》りかとうら悲しく、茶屋が裏ゆく土手下の細道に、落ちかゝるやうな三味《さみ》の音《ね》を仰いで聞けば、仲之町芸者が冴えたる腕に、「君が情の仮寝の床に」と何ならぬ一《ひと》ふし哀れも深く、この時節より通ひ初《そむ》るは浮かれ浮かるゝ遊客ならで、身にしみじみと実のあるお方のよし、遊女《つとめ》あがりのさる女《ひと》が申しき、桜、玉菊燈籠、俄の祭りと行事が続く。吉原俄の時は一葉が暮らしていた龍泉寺町の表町通りを、一日に七五輛もの人力車が通っていくほど、吉原が賑わったのです。その祭りも後半となり、秋がやってきます。

周囲は田圃です。赤とんぼが飛び交い、堀にはうずらが鳴き、上清荒物店に並ぶものが蚊取り線香からカイロに入れる灰に変わります。粉を挽く音が響き、大籬である角海老の時計の音が身にしむようになります。

この角海老の時計は江戸時代にはありません。明治以降、洋館となって取り付けられたものです。その音さえもしみじみと聞こえるようになると、遠くに見える焼き場の火も、いつもとは違って「死」を思い起こさせます。まるで茶屋の裏の細道に落ちかかるように聞こえてくる三味線の音と吉原芸者の唄の一節にも、哀愁を感じるのです。「このように晩秋の寒い時期に通ってくるお客さんは、浮かれた遊客ではなく、しみじみとした真心を持っている人だ」と、かつての遊女が語った、と。

その季節の情景を表現した素敵な浮世絵があります。広重『名所江戸百景』「浅草田甫酉の町詣」です(図5－18)。晩秋の酉の市の日に遊廓にやって来た客は、なじみの遊女のために酉の市で売っている熊手の形のかんざしを買って、やって来ました。そのかんざしを一本抜いて、髪に挿したのでしょう。その後、髪からかんざしを抜いたのでしょう。枕

図5-18　広重『名所江戸百景』
「浅草田甫酉の町詣」

元に抜いたかんざしと、紙の束が見えます。床そのものは屏風の陰にあるようです。日が富士山のある西の地平線に沈んでいきます。家々にともしびがともり、遠く、大鳥神社の酉の市から帰る人々の列が黒い影になって見えています。その情景を一匹の猫が窓から見ています。晩秋の夕暮れの冷たい空気と、猫、そして遊女と客の床のぬくもりが対照的に感じられる、寂しくも暖かい絵です。

『たけくらべ』は「廻《まは》れば大門《おほもん》の見返り柳いと長けれど、お歯ぐろ溝に燈火うつる三階の騒ぎも手に取る如く」という有名な一節で始まります。遊女屋の宴席の明るさ賑やかさが、すぐ近くに感じられる文章です。

「はかり知られぬ全盛」を誇った明治初期の吉原を「陽気の町」と言い、作品全体に歌や音楽や大道芸がたびたび描写されていて、まるでミュージカルのような作品です。

しかしその一年に陽気な時もあれば哀愁の時もあるように、主人公の少女美登利は、華やかな環境に染まり、花魁である姉の出世を誇りながらも、やがて自分に巡ってくる遊女としての運命を知ることになります。『たけくらべ』は吉原の明と暗の両方を、実に的確に描いた作品なのです。

第六章　近代以降の吉原遊廓

マリア・ルス号事件と遊廓

一八六七年に大政奉還となり、一八六八年の七月、江戸は東京と改名されました。そのことで遊廓のありかたが大きく変わったかといえば、そういうことはありませんでした。まだこのころはほとんど同じ日常が、吉原には展開していたのです。

ひとつ変わったことがあったとすれば、吉原は江戸で唯一の公認の遊廓だったのですが、一八六九(明治二)年、根津遊廓も公認となり、東京に二つの公認の遊廓ができたことでしょう。根津遊廓は幕末に建設が進められ、公認されてからは一八七〇(明治三)年に、根津八重垣町に桜二〇〇株余りを植え、総門をかまえ、まるで新吉原のようになったのです。むろん明治以降は、これを公認としたのはもはや幕府ではなく明治政府でした。しかし年限を限って許可された遊廓でしたので、約二〇年後の一八八八(明治二一)年六月末日には撤去され、洲崎に移転させられたのです。これが洲崎遊廓でした。

東京には、新吉原、根津(洲崎)の他に、品川、新宿、千住、板橋に「岡場所」と呼ばれる非公認の遊廓が江戸時代と変わらずあり、都心を離れると調布、府中、八王子などの宿場にも非公認の遊廓がありました。

このように何も変化がなかった遊廓でしたが、思わぬ事件がきっかけで大きな変動期に入っていきます。それは一八七二（明治五）年に起きた「マリア・ルス号事件」です。

マカオからペルーに向かっていたペルー船籍のマリア・ルス号が悪天候で帆先を破損し、横浜港に入港したのです。この船には中国人の苦力《クーリー》（アジア系の出稼ぎ労働者）二三一名が乗船していました。その中のひとりが、過酷な労働から逃れるために海中へ逃げ、イギリス軍艦アイアン・デューク号に救助を求めたのです。

イギリスはマリア・ルス号を調べた後に「奴隷運搬船」と判断し、イギリス代理公使は日本政府に対し、中国人の救助を要請しました。外務卿（外務大臣）の副島種臣は、神奈川県権令の大江卓に中国人苦力の救助を命じ、マリア・ルス号は出港停止となりました。この出港停止に関し、ポルトガル領事をはじめ数国から抗議の申し入れがあり、ポルトガルとイタリア領事傍聴のもとでマリア・ルス号の船長の裁判がおこなわれました。

神奈川県庁に設置された大江卓を裁判長とする特設裁判所は、中国人の解放を条件にマリア・ルス号の出港許可を与えます。しかし船長は中国人の解放に納得せず、再び裁判が起こされます。二度目の裁判では移民契約の内容は奴隷契約であり人道に反するもので無効であるとされ、船長の訴えは却下されました。その結果、マリア・ルス号は出発し、苦力たちは清国政府の役人によって帰国できたのです。

しかし事件は終わりませんでした。ペルーの政府が判決に異議を申し立て日本に損害賠償をさせるために、高官を派遣したのです。そこで第三国のロシア帝国による国際仲裁裁判が開催されます。国際仲裁裁判には、日本側代表として全権公使の榎本武揚が出席します。

この裁判には、船長が雇ったイギリス人弁護士ディキンズが出席しましたが、この弁護士は日本にいる中国人労働者および日本人遊女に注目したのです。

横浜には、一八五九年に港崎《みよざき》遊廓が作られていました。新吉原と長崎の丸山遊廓を手本にして作られ、遊女屋一五軒、局見世（下級遊女のための時間売りの店）四四軒、遊女三〇〇人、案内用の茶屋二七軒がありました。港崎遊廓は一八六七年に現在の横浜公園の場所から吉田埋地（現羽衣町）に、さらに高島町に移転していましたが、遊廓があることは変わりません。性病の懸念もあってイギリスの海軍医師によって性病院も作られていました。

ディキンズは遊女が前借金の返済のために働く方法であり、自由意志でやめることができないこと、年季奉公契約は六〜八年であって、その間、女性を拘束するものであること、未成年が含まれていること、鞭で打ったり食べ物を与えないなどの虐待が見られることなどを挙げ、苦力への対応と同じであると言ったのです。

それに対して大江はアメリカの奴隷制を挙げながら、苦力の問題は自国の保護を受けられない他国への人身の輸出であり、遊女の問題とは異なると反論しています。この裁判で、苦力の解放が覆ることはありませんでしたが、しかしディキンズの遊女に関する見解は、明治政府に衝撃を与えたのです。

江戸時代では、船の難破や救助を外交交渉のきっかけに使うことがありました。現代では、アメリカと中国の応酬に見られるように、人権問題を指弾し、相手国が内政干渉だと反発することも一種の外交です。このマリア・ルス号事件は、その両方を含んでおり、まことに江戸から近代への移行期を象徴する出来事だと言えます。

この事件で日本政府の人権への対応は高く評価されましたが、同時に女性の人権に関する認識の低さも指摘されたことになります。これも現代とつながっています。今も、日本はほとんどの人権問題はアメリカと意見を共有していますが、女性の地位のみ、G７先進国中でもっとも低いのです。

しかしながらマリア・ルス号事件を契機にして、明治政府は、現在の私たちの政府とは比べ物にならないくらい速度ある対応をとります。同事件が決着するや否や政府は、一八七二（明治五）年、遊女および同様の労務契約によって拘束されている者の「一切解放と身代金即時解消」を命じたのです。これを芸娼妓解放令と言います。

むろん、これは外交手段です。不平等条約を回避するために明治政府がおこなっているさまざまな、西欧諸国へのポーズのひとつでした。なぜなら、実態はその後もほとんど変わらなかったからです。

遊女は解放されたか？

しかし無意味ではありません。私は高校生の頃に『風と共に去りぬ』の小説を読み、映画ではわからない黒人奴隷解放の実態を知りました。奴隷とは言いながらも、召し使いや料理人や農作業者として、白人たちと家族のように運命をともにしていた多くの奴隷たちが家を去ることになり、仕事をみつけることもできず、路頭に迷ったのです。

解放令は一時的な失業補償や次の職業の訓練などと組み合わせなければ、結局、本人たちが困窮するのです。明治政府はそれをおこないませんでしたので、遊女屋（妓楼）の抵抗にも遭い、簡単に解放はされませんでした。

また遊女は奴隷売買で買われたわけではなく「前借金」の返済のために働いているので、借金とその返済にかかわる法律の部分は、簡単に帳消しというわけにはいきませんでした。しかし政府と国民のあいだに初めて、遊女という存在が人権の側面から捉えられ、「前借金」の返済はあってはならない労働形態であることが認識されたのは、大きなことでした。

解放令の次の年、一八七三（明治六）年に「貸座敷渡世規則等の制定」がおこなわれます。つまり遊女屋と遊女との関係を断ち切り、遊女は自由意志によって座敷を借りて個人的に営業をおこなっている、という形をとるための制度です。

この年、新吉原の遊女は三四四八名、遊女屋は一八九軒、引手茶屋は一二一軒ありました。解放が順調にはおこなわれなかったために、一八七六（明治九）年には警視庁が直接、娼妓把握管理と検梅をおこなう制度を発足させました。これが「近代公娼制度の成立」です。

この時点で、新吉原の娼妓は七一一名、貸座敷は一〇四軒、引手茶屋は四三軒に激減しています。多くの遊女が自らの意志で親元に帰ったことがわかります。

『近代公娼制度の社会史的研究』（人見佐知子著）によると、解放令の出た一八七二（明治五）年、東京府のそれぞれの戸長（区長）が抱え主から取り上げた証文をもとに、奉公人の名前、年齢、抱え主が抱えているかそれとも養女のかたちをとっているか、年季、抱え主の名前と住所、人主（引き取り手。多くは親）の名前、住所、職業、奉公人との関係を書き上げています。その上で人主を探し出し、奉公人を引き渡し、借金証文を取り上げました。引き渡しが済んだものにはその旨を貼り紙で示し、抱え主から取り上げた証文と人主から取り上げた証文を添えて東京府に提出しています。

それぞれの遊女の意志によるものなので全員ではないにしても、お題目だけでなくすみやかに実行に移されたことは、たいへん興味深いものがあります。しかし人見佐知子氏によると、抱え主が証文を提出しようとしても、実際に前貸し金を出した金主が承知しない

図6-1　明治3年「東京新吉原仲之街花盛迺図」

事例もあったということです。その場合、抱え主はその旨を東京府に届けたのですが、証文を渡さないことに罰則はなく、前貸しした当人への補償金もないのであれば、中途半端に終わるのは目に見えていました。

そして新吉原遊廓は遊女屋が「貸座敷」という名になったものの、継続したのでした。一八八一（明治一四）年、吉原の大門が黒漆の木の門から、鉄の門となります。矢田挿雲は『江戸から東京へ』の中で「両柱の上へ橋のようなものを架して、竜宮の乙姫が玉を捧ぐる悪意匠を凝らし、その玉を電気燈にしてあるなどは、いよいよもって助からない」と呆れています。そんなふうにして、遊女と遊廓は「西欧風」となり貸座敷も洋館となって、新しい時代に入って行ったのです（図6－1）。

吉原は公認の遊廓ではなくなり、遊女屋は「貸座敷」と名を変え、自由意志で商売する遊女が座敷を借りて仕事をするというかたちになりました。ただし貸座敷が認められていたのは新吉原と根津八重垣町（一八八八年に洲崎に移転）のみで、のちに品川、新宿、板橋、千住の四宿が貸座敷免許を申請し許可されます。無くなるどころか、名前と仕組みを変えて生き残っていったわけです。

強制的な性病検診制度もできました。毎週、遊女は梅毒の検査を受けたのです。これらは欧州の公娼制度をモデルとして再編成した結果でした。

電気と検査の吉原

遊廓を脅かすさまざまな新しい施設もできていきます。一八八七（明治二〇）年ごろから、「銘酒屋」の看板が立ちはじめました。幕末から明治中期に浅草、芝、両国などで、矢場（楊弓店）というものが流行っていました。矢を射るゲームです。その場所で接客した矢場女《やばおんな》（矢取り女）が売春もおこない、矢場は私娼窟と化していました。そのうち「銘酒」という看板のもと五、六本の瓶を縁起棚に飾り、ちゃぶ台、茶棚、長火鉢程度の低資本で娼婦の一人二人あれば始められる店が増えていき、矢場を凌駕するようになり、ついにそれらの矢場が廃れて銘酒屋になったのです。

のちに樋口一葉は白山の銘酒屋を舞台に、『にごりえ』を書きます。一葉の住まいのあたりに銘酒屋があり、その娼婦から手紙の代筆を依頼されていたからでした。

樋口一葉と言えば、「貸座敷」となってからの吉原を描いたのが一八九五（明治二八）年から連載した『たけくらべ』でした。『たけくらべ』は、たくさんの唄が唄われる、まるでミュージカルのような小説です。その全体は、まだまだ活気にあふれている吉原遊廓の華やかさと、しかしながら、主人公の少女美登利が迎える遊女の運命の悲しさとが予感される小説です。歌の中には、明治時代の吉原が表現されています。「北廓全盛見わたせば、軒は提燈電気燈、いつも賑ふ五丁町……」。

吉原は、座敷の中の百目蠟燭という豪華な明るい蠟燭と、夜になると仲之町に並べられる行燈の美しさが特徴でした。しかしもうこの明治二八年では蠟燭と行燈ではなく電気の吉原なのです。

「しのぶ恋路はさてはかなさよ　今度逢ふのが命がけ　よごす涙のおしろいも　その顔隠す無理な酒……」というこの唄は吉原芸者が唄う端唄。「君が情の仮寝の床の、枕かたしく夜もすがら……」は、秋の吉原から三味線の音とともに哀れ深く聞こえてくる芸者の声。「三途の川もこれこの様に、二人手を取り諸共と、なぜに云うては下さんせぬ。私を殺さぬお前の心、嬉しい様でわしや厭ぢや……」これは、美登利が路上にいた女太夫を呼び止めて唄わせた新内「明烏」の一部でした。

それ以外にも、丸い大きなたらいを頭に載せておかしな格好で呼びかけながら吉原に入っていく「よかよか飴」、笛と太鼓に合わせて筒型の籠で玉の曲芸を見せる「太神楽」、子供の「角兵衛獅子」、巨大な傘を持って踊る「住吉踊り」、箱を首から下げた人形遣い、三味線に合わせて少女が踊る「かっぽれ」、さまざまな軽業師などが、美登利の暮らす下谷区龍泉寺町表町通りを通っていくのです。

この芸人や唄の中で、この時代の吉原をもっともよく表しているのが、当時のはやり唄「厄介節」です。「わたしや父さん母さんに、十六七になるまでも、蝶よ花よと育てられ、それが曲輪に身を売られ、月に三度の御規則で、検査なされる其時は、八千八声のほととぎす、血を吐くよりもまだ辛い、今では勤めも馴れまして、金あるお方に使はする、手管手れんの数々は、恥かしながら床の中……」。梅毒の検査が義務付けられた明治以降の遊廓は、遊女にとって辛いものだったことがわかります。

そしてこの状況こそ、美登利の姉、大黒屋の大巻という「呼び出し」の状況でした。呼び出しとは、最高位の昼三という遊女の中のトップクラスの遊女です。近代吉原の最高級の遊女のことです。呼び出しは大籬、つまり大きな貸座敷にしかいない遊女で、特に大黒屋の呼び出しとなると、吉原で第一番の格調高い遊女、という設定です。

近代遊廓が求めた「本人の意志」

気になるのは、解放令後の遊女が、なぜ、どうやって遊女になったのか、ということです。すでに見たように一八七二年には、遊女は前借りによって拘束してはならない存在でした。また、遊女が望めば借金を無しにして人主（親元）に返さねばならないのです。しかし大巻は和歌山から両親および妹をともなって出てきているのです。『近代公娼制度の社会史的研究』で見ると、引き渡された家族は、ほとんどの場合東京や東京周辺にいます。逆に、東京から地方の遊廓や料理屋に奉公した女性たちが、東京に戻る事例も少なくありません。いったい和歌山ほど遠いところから、なぜ江戸に出てきたのか、気になります。

それは書いてありませんが、想像するに、農業などで立ち行かなくなった家族が金を借りて娘ひとりを江戸に出すのは忍びなく、家を捨てて家族全員で東京で生きることを決意した、ということでしょう。両親は大黒屋の寮の管理をしていて、父親はさらに吉原の小格子つまり小さな貸座敷の書記（事務員）をやっています。母親は遊女たちの仕立物を請け負っています。美登利の親も姉も、吉原で働いているのです。おそらく、大巻となる姉の容貌と才能を見込んで、親の仕事も保障することで本人の了解を得て、遊女に抱えたのでしょう。

ここには、江戸時代のような、家族から引き離されて一人で遊廓で働くという状況より、「本人の意志」を汲むことで優れた遊女を獲得する、という近代の遊廓の抱え主や金主のありようが反映しているのかも知れません。それもあって美登利は、有力者たちから妻（あるいは妾）になることを申し込まれるような姉をたいへん誇りに思い、小遣いも十分にもらい、遊女とは素晴らしい仕事だと思っているのです。

それにしても、表町通りを絶えることなく人力車が行き交い、「河岸の小店の百囀《ももさへ》づりより、優にうづ高き大籬の楼上まで、絃歌の声のさまざまに」と書いているように、三味線の音や宴席の賑わいが外にまで聞こえるような繁盛がまだこの時代にあったとは驚きです。

ちなみにこの大籬という言葉は、解放令の後にはなくなり、明治以降は大店、中店、小店とだけ呼んでいたようです。一八九八（明治三一）年に刊行された『世事画報』によると、大店は角海老楼、稲本楼、大文字楼、品川楼、野村楼の五楼のみで中店は四楼にとどまり、小店はなんと一四七楼ありました。一八七六（明治九）年に貸座敷は一〇四軒に激減したことを先述しましたが、また増えてきたのだとわかります。この年は、日清戦争と日露戦争のあいだに位置します。戦争による景気が、一時的に経済に活況を与えていたのかも知れません。

図6-2 『世事画報』に見える明治の茶屋と客の案内風景

明治期の吉原でも、引手茶屋が仲介に入りました。茶屋に客が入ると、亭主と女房（あるいはおかみ）が出てきて挨拶をします。次に、担当の女中を決めます。その女中が、客の希望する遊女の名前を聞き（あるいはなじみが決まっていれば聞かず）、妓楼に案内します。女中はずっと控えていて、料理を台屋（仕出屋）に頼み、宴会の采配や床入りまで世話をし、客と遊女が床に入ったところで、茶屋に帰るのです。芸者を呼ぶ場合は、三味線箱と客の寝間着を左脇に抱え、看板提灯と酒の徳利を右手に持って案内します。客は翌朝、その茶屋に寄って料金を払います（図6－2）。

明治時代では貸座敷はすべて「〜楼」と名乗っていました。中国風のエキゾティックな、あるいはモダンな名のつけかたです。江

図6-3　明治2年の吉原遊廓・金瓶楼

戸時代では一般に「〜屋」と称していましたが、天明(一七八一〜一七八九)ころに扇屋が中国風に「五明楼」と呼ばせたのが始まりです。扇屋は遊女に漢詩文を習わせたりする、高い知識と教養を誇る遊女屋だったのです。明治になってからは、背の高い洋風建築も吉原に建てられましたので、まさに「楼」に相応しい建物になりました。楼によっては、テーブルの上に西洋皿を置いて料理を盛ったり、ベッドを用いたりする所もあったと言います。琉球の遊女を抱えた妓楼もありました。いずれも当初は評判となって流行ったのですが、じきに廃れたそうです(図6－3)。

一八九四(明治二七)年の吉原の地図を見ると、大きな面積を占める貸座敷が江戸町や角町や京町などそれぞれの町に位置し、小さな間口の茶屋がぎっしりと仲之町通りに沿って並び、その他に八百屋、荒物屋、植木屋、紙屋、菓子屋、車屋(人力車)、髪結い、居酒屋、油屋、酒屋、医院、料理屋、飲み屋、両替屋、そば屋、湯屋、染物屋、豆腐屋、雑貨屋、寿司屋、家具屋があるのがわかります。さらに吉原は水道尻と言われる後ろ出口のすぐ外に梅毒の検査所がありました。吉原ではマリア・ルス号事件に続く解放令とともに一八七三(明治六)年から梅毒の検査を義務づけ、ヨーロッパの制度に近づけていたのです。

遊廓社会の拡大と吉原の凋落

このように、解放令の後も吉原は繁盛し、吉原以外の遊廓も、そして銘酒屋も繁盛したわけですが、同時に芸者が人気を集めるようになっていました。吉原では貸座敷、茶屋、遊女が「三業」としてそれぞれ独立しながら協力し合っていましたが、芸者の世界では芸者置屋、料理屋、待合の三業種が連関し合って各地で商売を展開していました。待合には置屋から芸者が、料理屋からは仕出しが届き、芸者衆は三味線やその他の楽器、踊りなどの芸を売ります。宴席ではお酌もし、拳の遊びなどさまざまな遊びを展開します。

まず吉原芸者はすでに書いたように、一流の芸人でした。吉原の男芸者、つまり太鼓持(幇間)をしていた桜川忠七はその回想録で、遊女屋がなくなった後の吉原では、茶屋で芸者を揚げ、幇間を呼び、三味線、太鼓、唄や踊りで存分に楽しんだのちに、貸座敷で遊女と会うのだと書いていています。人によっては茶屋での遊びの方が楽しく、だからと言って遊女を指名しないで茶屋で遊ぶこともできないので、茶屋での遊びが終わると遊女の玉代を置いて帰ってしまう者もいたということです。遊女屋で宴をおこなった江戸時代とはだいぶ雰囲気が違います。

桜川忠七は一九一二（明治四五）年ごろの名妓として、お貞、喜代次、お夏、しめじ、小ふじなどの名前を挙げています。このような名妓がいたにもかかわらず、茶屋を通しての遊びは一〇人中二、三人しかいなかったというのですから、直接貸座敷に行った客が大半だったということです。

こうして、芸者衆との遊びが楽しくなると、吉原に行くのではなく、芸者衆のいる三業地、つまり置屋、料理屋、待合のある場所に行くことになること、また吉原が貸座敷つまり買春のみを目的にした客たちの集まる場所に次第になっていった経緯がわかります。

樋口一葉が『たけくらべ』を書いた翌年、一八九六（明治二九）年に広津柳浪の『今戸心中』が刊行されました。酉の市が立つ初冬の吉原が舞台です。大店の角海老に大時計がかけられていて夜の一二時を知らせる光景は、まさに明治の吉原。「不夜城を誇り顔の電気燈」とあって、仲之町の行燈は電気になったのです。「（花魁の）吉里は紙巻煙草《シガー》に火を点けて」とあり、キセルが当たり前だった江戸時代とは、ずいぶん呼び出し花魁の喫煙情景が違います。

しかし花柳界が皆、キセルから紙巻煙草になったわけではありません。待合の女将《おかみ》をしていた私の祖母は、私の幼少時には女将を辞めていましたが、キセルを吸っていました。むしろ明治期に男性たちが紙巻煙草を吸うようになったので、遊女は紙巻煙草に火をつけて渡すことになったのでしょう。

やがて午前二時（大引）の拍子木が鳴り、「上草履の音が轟き始めた」とあります。遊女が座敷以外の屋内で分厚い草履をはく習慣は、まだ明治にも残っていました。これは着物におはしょりをせず打ち掛けも羽織るので、裾を引きずるからでしょう。午後の二時になると遊女たちがおしゃべりしながら入浴をします。そのおしゃべりの中に、梅毒の検査場で見た他の店の花魁の美醜や、検査医の男振りなどが出てきて、これもまた、近代の吉原ならではの話題です。煤はきの日のご祝儀や無礼講の話も出てきます。この習慣は江戸時代と変わらないようです。

『今戸心中』は、相思相愛だった客が家を継ぐために岡山へ帰ってしまったことを嘆いた花魁の吉里が、破産した客とともに大川に身を投げ、永代橋の上流で屍となって見つかる話です。電気が引かれ時計が使われるようになっても、吉原の人間関係や日常はほとんど変わらないことと、何よりも日本の家族制度が変わらない、もしくは新たな戸籍制度や家長の制度によって、より個人を縛りつけるものになっていたことがわかります。

植民地では放置された遊廓社会

翌年の一八九七（明治三〇）年から『二六新報』による娼妓の自由廃業キャンペーンなどが展開されました。一八九九（明治三二）年には、ロンドンで婦女売買に反対する国際会議が開催されました。

しかし一八九九年に書かれた泉鏡花の『通夜物語』を読んでも、親が娘に稼がせて金をせびるなど、家族のあり方と遊女のありようはあまり変わっているようには思えません。それればかりか、日本の遊廓社会は国境を超えて、朝鮮にまで広がり始めます。

一九〇二（明治三五）年、朝鮮の馬山に日本人による芸妓、酌婦を置く料理店ができました。望月楼、吾妻、鳴戸、小倉庵、山水、勝利、一丸、旭、いろはという、いずれも日本人の経営者によるものです。これらは当地では遊廓とみなされていました。一九〇五（明治三八）年、日露戦争終結後にソウルで料理店組合による新町遊廓の営業が開始されます。一九〇六（明治三九）年には、ソウルの龍山に桃山遊廓が開業します。まだ朝鮮は日本に併合されておらず、独立国です。

一九〇四年と一九一〇年には、「醜業を行わしむるための婦女売買取締に関する国際協定」がヨーロッパで制定されます。マリア・ルス号事件で海外の情勢と理念を気にしていた日本ですが、これらの動きには全く無頓着でした。むしろ朝鮮では、一九一〇年の併合前後に鎮海軍港建設によって望月楼、鎮海楼、一楽、明月楼、初の家などが栄えたのです。ヨーロッパ諸国も、自国では婦女売買取り締まりに積極的でしたが、植民地では問題は放置されていたようです。

三業地（芸者置屋、料理屋、待合）はすでに形成されていましたが、一九一二（明治四五）～一九三〇年代にかけて三業地の芸者町が公認されます。そしてそこに三業組合（見番）ができました。遊女と芸者は異なる歴史があり、役割も違うものでしたが、しかしこれは、広義の遊廓社会がまた作られた、と言ってもいいでしょう。

売春を目的にする銘酒屋については、一九一七（大正六）年から一九一八（大正七）年に警視庁が撲滅方針を出し、それによってほとんど撲滅されたかにみえたそうですが、まもなく看板をはずして営業し、表向きは造花屋、新聞縦覧所として営業したそうです。

一九一八年から翌年にかけては、浅草観音堂裏の銘酒屋等が現在の東向島五・六丁目および墨田三丁目に移ってきて、「玉の井」という新たな遊廓社会が作られました。

一九三六（昭和一一）年に書かれた永井荷風の『濹東綺譚』は、その玉の井を描いたものです。それまでの吉原の豪奢とも芸者世界の粋とも異なる、ささやかで庶民的な世界です。このようなものも、『にごりえ』の描いた銘酒屋とともに遊廓社会、と言っていいでしょう。

消えゆく江戸文化

一九二三(大正一二)年九月一日の関東大震災後、浅草地区で警視庁の取り締まりが強化され、銘酒屋の本拠地は亀戸、玉の井に移りました。一九二〇～三〇年は国際的に人身売買禁止問題が本格化した時期です。しかし日本では一九二九(昭和四)年時点で遊廓が五三九ヵ所、貸座敷は一万九五八軒、娼妓は五万一三〇人を数えました。

また吉原は一九三〇(昭和五)年時点で貸座敷が二九五軒、引手茶屋が四五軒、遊女が三五六〇人、芸者は約一五〇人を数えていました。遊女は約半分が東京地方出身で、残りの半分は東北地方の出身者だったそうです。すでにこの時は写真を見て遊女を選ぶ方法でしたが、店によっては応接室を作って、客が直接、交渉できる仕組みでした。金額には甲乙(税込)があり、甲は二時間で四円、乙は二時間で二円、大店では四時間で五、六円、全夜全昼で七、八円、小店ではその半分くらいの金額。なお、この時期の一円は現在の五〇〇〇円くらいと言われています。

料理は別料金で、注文した場合、その二割は楼主つまり貸座敷の主人の手数料となります。引手茶屋を通して貸座敷に行く場合、案内料は一円でした。料理を頼めば、その三五パーセントが茶屋の収入となります。茶屋に芸者を呼ぶ場合は、二時間で約四円でした。遊女と芸者の値段がほぼ同じであったことがわかります。

この当時の大店の角海老楼、稲本楼、大文字楼、不二楼の四軒は引手茶屋経由の客しか受け付けません。中店は河内楼、蓬萊楼、三河楼、彦多楼、成八幡、君津楼、辰稲弁などでした。その他のほとんどが小店で、遊女を時間で売ることや、そのような小店が多いことなどによっても、吉原が売春の地になってしまったことがわかります。

しかしながら戦前の吉原には、まだ芸者衆がいましたから、三味線の音がして日本舞踊も踊られました。一九二〇～三〇年ごろのことだと思いますが、新内節の岡本文弥が着物を着て吉原を流したころのことを語っています。

男性二人ひと組で二挺の三味線を弾きながらゆっくりと吉原を歩いたそうです。時刻は、午前二時（大引）から明け方まで。二階や三階の窓が開いて「ひとつやってくれ」と注文が出る。あるいは女中さんが出てきて「お二階さんが」と言われて「明烏」や「蘭蝶」の一節を唄ったそうです。

桜の植え込みが満開の時期、夜桜の中で新内を聞くのは、想像しただけで素晴らしい、今や体験できない時間です。衰微したとは言え、やはり吉原は銘酒屋ではなく一流の遊廓でした。

戦後の吉原では、三〇〇軒が「カフェー」の看板を掲げ、一〇三二名の「女給」がいたと言います。大店は相変わらず庭もあり、敷地内には女給たちに貸している部屋もありましたが、ほとんどの店は三坪程度でした。もはや電燈ではなくネオンサインがきらめき、一九五六（昭和三一）年に売春防止法が可決成立し、一九五七（昭和三二）年に施行され、一九五八（昭和三三）年に実施されて今日に至ります。

この間、吉原は江戸時代以来の文化の拠点の実体を失い、衰微して単なる売春地帯となり、一九四六（昭和二一）年の公娼廃止後はいわゆる「赤線地帯」として存続します。しかし売春防止法によって一斉廃業を余儀なくされました。そして特殊浴場街となって今日に至っています。それらもコロナ・パンデミックの後に、廃業が相次ぐことでしょう。

三味線や踊りはその後、芸者衆の世界に引き継がれていますが、今は待合もなくなったので、料理屋に芸者さんを呼ぶ方法になっています。料理屋は「廓」を成しておらず点在しますので、夜間に流しの三味線が聞こえることなどありません。近所迷惑になるので、漏れ聞こえることもないでしょう。吉原遊廓の消滅はやはり、江戸文化の消滅と言って良いと思います。

終章　遊廓をどう語り継ぐべきか

伝統芸能の観点

まず、私は冒頭で、遊廓はもうあってはならないと書きました。では遊廓の歴史と記憶は封印するあるいは、消滅させるのがよいのでしょうか？　そうは思いません。遊廓は二つの観点から、語り継ぐべきだと思います。

ひとつは日本の芸能史の観点です。詳述したように、遊女はそもそも芸能者で、遊廓と芝居は一体のものでした。いわば性と芸能が一体のものだったのです。そこから性にかかわる部分を切り離すことによって、今日の男性のみによる歌舞伎および能狂言が成立したのです。

明治以降、西欧の演劇が導入され、伝統的な芝居も女性を入れることによって新派となりましたが、歌舞伎は歌舞伎で変化することなく、今日まで続きました。なぜなら江戸時代を通して確立された表現を根本から変えることは歌舞伎そのものが消えることを意味したからです。

一方、遊廓は性のみで成り立つことはできませんので、そこに「恋の文化」「もてなしの文化」が成立しました。恋の文化は、平安時代以来、和歌と歌物語の中で成熟していた文化で、遊女はそのこともあって、書、和歌、俳諧、漢詩、文章、琴などの教養を積むことで遊廓を、文化を語り合うサロンにしました。そのサロンで豪商や作家や画家や出版文化が育ったわけです。もてなしの文化は、茶の湯がその筆頭ですから、遊女は茶の湯もたしなみました。

その中で、武家のみならず町人たちも茶の湯に親しみ、遊女と語り合いました。着物や帯、櫛かんざし、髪結い、香、化粧なども遊廓独特の展開をしました。初期の遊女たちは化粧をせず、髪も束ねる程度でかんざしもしませんでしたが、次第に着物や帯とともに豪奢になり、歌舞伎に影響を与え、歌舞伎から影響を受けるようになりました。初期の遊女たちは芸能者でもあって、能を舞い、三味線も弾きましたが、それが踊り子に受け継がれ、踊り子が芸者衆になって、吉原遊廓で共存していたことは、芸能を継承する場としての吉原の重要性を、さらに増したわけです。

なぜ芝居から女性が排除され、次に少年たちが排除されたかは、すでに述べたように、そこに異常なパワーが集積されてしまったからです。

制御不能なパワーのことを、江戸時代では「悪」と言いました。悪は善悪の悪とは異なり、秩序を乱すこと、あるいは秩序をはみ出すことです。江戸時代は高度に制御された法治国家です。しかも権力は近代ほどではなくとも、一元化されやすい状況にありました。幕藩体制の秩序を整え、法律にしたがって戦争の起こらない、教育程度の高い国をつくるためには「悪」の抑圧は必要だったでしょう。

問題はここからです。性のエネルギーは確かに、時に制御不能です。しかしそれは女性が引き起こしたわけではなく、少年も、そして武士階級が困惑していたように、対男性でも起こる事でした。井原西鶴が『男色大鑑』で描いたように、男性どうしの恋愛もまた、殺人や自害や遁走などを引き起こす「困った問題」であったわけです。

したがって武家では秩序の問題として禁止していましたが、同性愛はヨーロッパのように違法にはならず、罰則があったわけでもなく、むしろ美意識の高さを誇るような文化でした。その結果、町人にも広がり、一部の役者は男性相手の売春をおこなっていましたが、非難や差別の対象ではなく、むしろ当たり前のこととして社会に受け入れられていました。

それならそもそも、女性が「悪」とされる筋合いはないわけで、女性への恋を制御不能なパワーとみなすのではなく、平安時代以来の日常の恋の物語に昇華させることでよかったはずでした。つまり遊廓は、家族制度とは別の世界で、まさにそれをおこなう場所だったのです。

遊女は菩薩とも天女ともみなされ、物語の主人公になり、理想の女性を体現しました。その仕掛け問題は、そのような女性たちを遊廓という町に引き止めておく仕掛けでした。その仕掛けが「前借金」だったのです。

遊廓が遊女たちにとっても理想的な職場であるなら、前借金で拘束する必要はありません。現在の女優やタレントのように、自らを磨き自らオーディションに出かけ、スターになればよいだけです。人気に見合った給与やギャラを支払う仕組みであっても大きなお金は動きます。

ではなぜ前借金で拘束し、遊廓の外に出られないようにしたか。それは、女性たちが不特定多数の男性たちと身体的な関係を持つことを、望まないからです。とても当たり前のことです。

ジェンダーの観点

それが二つ目の観点、つまり「ジェンダーの観点」です。

二〇二一年の集英社・開高健ノンフィクション賞の受賞作は、平井美帆著『ソ連兵へ差し出された娘たち――証言・満州黒川開拓団』でした。満州開拓団の中の独身の女性たちが、開拓団の人々を守るために敗戦時にソ連兵に差し出された、その事実を書いたものです。

ジェンダーの問題とは女性そのものの問題ではなく、「女性を道具とみなす」「女性を性の対象としてしか見ない」「トータルな人間として共感を持って関われない」男性たちの問題です。それは戦争中という非常時に極端に現れますが、平常時でも同様で、しかも今日まで続いています。

多くの人を守るために耐え忍んだ女性たちは、帰国してからは汚れた者とみなされ、差別され、排除され、揶揄されました。「減るわけじゃなし」の類のからかいや処女信仰、支配・被支配の関係は、いまだに男性たちの中に巣食っています。それが従軍慰安婦へのヘイトスピーチとして現れ、家庭内暴力、家庭内外での性暴力も、いまだに後を絶ちません。

これらは極端な事例ですが、女性はいつも不思議に思います。女性は不特定多数の異性や同性と身体的なかかわりを持ちたいとは思いませんが、男性は、差し出された女性たちと平然と交わり、慰安所に列をなすこともあったわけです。多くの女性は性行為を必要不可欠なものと考えませんが、多くの男性はそう「考え」ます。しかし実際には、生きるために必要不可欠なものではありません。女性を全体的な人間として対等に感じ考えることができれば、命にとって必要不可欠でない性的な交わりを、相手が望まないのであれば、自分も望まないでしょう。相手が望まないことをおこなう行為は、自分を惨めにするだけだからです。

江戸時代でももちろん、遊廓に行く人は一部の人でした。第一に、お金を持っていないと行かれません。第二に、着物や髪型や一定の教養など、はずかしくない程度のものを身につけていないと行かれません。第三に、そもそもそういうところで女性とかかわりたいと思わない人もかなりいました。そう考えると、遊廓は必要だったか、という問いに対して「必要不可欠ではなかった」と答えざるを得ません。

遊廓がなければ、芝居から排除された女性たちは踊り子として、芸者衆として、町の中で芸能や師匠をしながら生きていたでしょう。遊廓がなければ膨大な好色もの、黄表紙、洒落本などの文芸は生まれず、新内やその他の浄瑠璃、音曲も生まれなかったでしょう。遊廓がなければ助六ものなど、歌舞伎の演目は今より少なかったでしょう。しかし遊廓がなければ、そして女性に対し尊敬を持って全人格的にかかわる価値観と精神が存在していれば、女性たちはもっと多くの分野で、男性と同じように、思想や文学や宗教や科学の世界で活躍していたでしょう。平安時代の貴族の女性たちがそうであったように、文化上、多くの成果を残したでしょう。

女性たちが望むのは男性と同じになることではありません。それぞれの才能を活かし切ることです。平塚らいてうは『元始、女性は太陽であった』で、「私ども女性もまた一人残らず潜める天才だ。天才の可能性だ」と言い、「隠れたる我が太陽を、潜める天才を発現せよ」と呼びかけました。女性は男性になりたいのではなく、自分自身でいたいのです。

明治以降、マリア・ルス号事件をきっかけにして、遊廓の廃止と遊女の消滅は可能でした。しかし貧困に陥る女性が増加するということなどを理由に、変えたのは仕組みだけで、大小の遊廓社会そのものはむしろさらに多くなり、海外にまで延伸され、植民地での経営がおこなわれて敗戦に至りました。敗戦がなければ、遊廓はまだ日本にあったかも知れません。そのことによって、女性が教育を受け、才能を伸ばす機会は失われたでしょう。

しかしこの二〇二一年時点でジェンダー差別は依然として存在します。非正規雇用者の約七〇パーセントが女性であるという実態はどう変えることができるでしょうか？「そういう働き方を望む女性もいる」という言い方をし続けるのであれば、何も変わりません。もし望む人もいるというのであれば、男女はほぼ同数になっているはずです。

皆さんを遊廓に案内することは、その文化面の面白さから言えば、とても嬉しいことでした。しかし一方、他の社会であれば遊女たちが別の面で才能を発揮し、日本の文化と社会に大きな貢献をしたのではないかと考えると、とても残念な気がします。辛い経験の果てに命を絶った遊女や病で亡くなった遊女のことを考えると、悲しいです。しかし同時に、彼女たちは家庭の中に閉じ込められた近代の専業主婦たちに比べれば、自分を伸ばす機会を与えられたのではないか、とも思うのです。

遊廓の問題は「家族制度」の問題の一環なのではないか、と私は思います。家族は、性別による分業をしなくてもよい時代がきています。さまざまなツールと社会制度を利用して、家族は多様になりつつあるのです。男性どうしの家族、女性どうしの家族、血のつながらない子供達を育てる大人たち、異なる民族の集まる家族、友人や知らない人どうしの暮らすコレクティブ・ハウスなど、家族の多様性は広がっていくでしょう。

しかしもうひとつ大事なことがあります。「追い詰められない家族」であることです。それさえあれば「前借金」などなかったのです。ベーシック・インカムのような、誰も置き去りにされない生活保障制度があれば、家族ではない人が集まって暮らすことには、むしろ経済的なメリットが出てきます。その上で性別分業ではなく、得意を活かした分業で生活を営むことができれば、ジェンダーの問題は変わってきます。遊女の解放だけでは何ら問題が解消しなかったように、女性の解放を叫んだだけでは問題は解決しません。家族のあり方を変えていく必要があるのです。

その上で、正月も桜の祭りも、七夕も盆行事も、各地の祭りも、月見も共有し、茶の湯も着物も琴や三味線も、踊りも歌舞伎も能も狂言も、もう一度生活に取り戻すことができたら、日本には本当の意味での「自律」がやってくると思います。

遊廓を考えることが、遊廓を超えて未来を考えることにつながっていくよう、心から願っています。

注

本書は書き下ろしであるが、田中優子の以下の著書と内容が重複するところがある。テーマが重なるため、ご容赦願いたい。

『江戸の恋』集英社新書、二〇〇二年
『樋口一葉「いやだ!」と云ふ』集英社新書、二〇〇四年
『芸者と遊び――日本的サロン文化の盛衰』角川ソフィア文庫、二〇一六年
「輝けるテーマパーク・吉原」『歴史の中の遊女・被差別民』新人物往来社、二〇一一年
「蔦屋重三郎は何を仕掛けたのか」『歌麿・写楽の仕掛け人　その名は蔦屋重三郎』サントリー美術館、二〇一〇年

引用・参考文献（著者編者五十音順）

大江匡房「遊女記」『古代政治社会思想』日本思想大系8、岩波書店、一九七九年
喜田川守貞『近世風俗志（守貞謾稿）㈢』（一八三七―一八六七年）岩波書店、一九九九年
佐賀朝・吉田伸之編『シリーズ遊廓社会2　近世から近代へ』吉川弘文館、二〇一四年
山東京伝「通言総籬」『黄表紙　洒落本集』岩波古典文学大系59、岩波書店、一九七四年
山東京伝『山東京傳全集　第十八巻　洒落本』ぺりかん社、二〇一二年
十返舎一九編・喜多川歌麿画『青楼絵本年中行事』完全復刻版、実業之日本社、一九七五年
槌田満文監修『新吉原画報・劇場図会―「世事画報」増刊―』ゆまに書房、二〇〇三年
人見佐知子『近代公娼制度の社会史的研究』日本経済評論社、二〇一五年
藤本箕山『新版　色道大鏡』（一六七八年序）八木書店、二〇〇六年
三谷一馬『江戸吉原図聚』（立風書房、一九七三年）中央公論社、一九九二年
南博編『近代庶民生活誌　色街・遊廓Ⅰ・Ⅱ』第13巻・第14巻　三一書房、一九九二―一九九三年
矢田挿雲『江戸から東京へ』（一九二〇―一九二三年）中央公論社、一九七五―一九七六年

講談社現代新書　2638

遊《ゆう》廓《かく》と日《に》本《ほん》人《じん》

二〇二一年一〇月二〇日第一刷発行

著者　田中優子《たなかゆうこ》

発行者　鈴木章一

発行所　株式会社講談社

東京都文京区音羽二丁目一二—二一　郵便番号一一二—八〇〇一

電話　〇三—五三九五—三五二一　編集（現代新書）

〇三—五三九五—四四一五　販売

〇三—五三九五—三六一五　業務

装幀者　中島英樹

印刷所　株式会社新藤慶昌堂

製本所　株式会社国宝社

定価はカバーに表示してあります　Printed in Japan

N.D.C. 210　169p　18cm

ISBN978-4-06-526095-1

「講談社現代新書」の刊行にあたって

教養は万人が身をもって養い創造すべきものであって、一部の専門家の占有物として、ただ一方的に人々の手もとに配布され伝達されうるものではありません。

しかし、不幸にしてわが国の現状では、教養の重要な養いとなるべき書物は、ほとんど講壇からの天下りや単なる解説に終始し、知識技術を真剣に希求する青少年・学生・一般民衆の根本的な疑問や興味は、けっして十分に答えられ、解きほぐされ、手引きされることがありません。万人の内奥から発した真正の教養への芽ばえが、こうして放置され、むなしく滅びさる運命にゆだねられているのです。

このことは、中・高校だけで教育をおわる人々の成長をはばんでいるだけでなく、大学に進んだり、インテリと目されたりする人々の精神力の健康さえもむしばみ、わが国の文化の実質をまことに脆弱なものにしています。単なる博識以上の根強い思索力・判断力、および確かな技術にささえられた教養を必要とする日本の将来にとって、これは真剣に憂慮されなければならない事態であるといわなければなりません。

わたしたちの「講談社現代新書」は、この事態の克服を意図して計画されたものです。これによってわたしたちは、講壇からの天下りでもなく、単なる解説書でもない、もっぱら万人の魂に生ずる初発的かつ根本的な問題をとらえ、掘り起こし、手引きし、しかも最新の知識への展望を万人に確立させる書物を、新しく世の中に送り出したいと念願しています。

わたしたちは、創業以来民衆を対象とする啓蒙の仕事に専心してきた講談社にとって、これこそもっともふさわしい課題であり、伝統ある出版社としての義務でもあると考えているのです。

一九六四年四月　野間省一

日本史Ⅰ

1258 身分差別社会の真実——斎藤洋一 大石慎三郎
1265 七三一部隊——常石敬一
1292 日光東照宮の謎——高藤晴俊
1322 藤原氏千年——朧谷寿
1379 白村江——遠山美都男
1394 参勤交代——山本博文
1414 謎とき日本近現代史 野島博之
1599 戦争の日本近現代史 加藤陽子
1648 天皇と日本の起源 遠山美都男
1680 鉄道ひとつばなし——原武史
1702 日本史の考え方——石川晶康
1707 参謀本部と陸軍大学校 黒野耐

1797 「特攻」と日本人——保阪正康
1885 鉄道ひとつばなし2——原武史
1900 日中戦争——小林英夫
1918 日本人はなぜキツネにだまされなくなったのか 内山節
1924 東京裁判——日暮吉延
1931 幕臣たちの明治維新 安藤優一郎
1971 歴史と外交——東郷和彦
1982 皇軍兵士の日常生活 一ノ瀬俊也
2031 明治維新 1858-1881 坂野潤治 大野健一
2040 中世を道から読む——齋藤慎一
2089 占いと中世人——菅原正子
2095 鉄道ひとつばなし3——原武史
2098 戦前昭和の社会 1926-1945——井上寿一

2106 戦国誕生——渡邊大門
2109 「神道」の虚像と実像 井上寛司
2152 鉄道と国家——小牟田哲彦
2154 邪馬台国をとらえなおす——大塚初重
2190 戦前日本の安全保障——川田稔
2192 江戸の小判ゲーム——山室恭子
2196 藤原道長の日常生活 倉本一宏
2202 西郷隆盛と明治維新 坂野潤治
2248 城を攻める 城を守る——伊東潤
2272 昭和陸軍全史1——川田稔
2278 織田信長〈天下人〉の実像 金子拓
2284 ヌードと愛国——池川玲子
2299 日本海軍と政治——手嶋泰伸

Ⓖ

日本史Ⅱ

趣味・芸術・スポーツ

620 時刻表ひとり旅——宮脇俊三
676 酒の話——小泉武夫
1025 J・S・バッハ——礒山雅
1287 写真美術館へようこそ——飯沢耕太郎
1404 踏みはずす美術史——森村泰昌
1422 演劇入門——平田オリザ
1454 スポーツとは何か——玉木正之
1510 最強のプロ野球論——二宮清純
1653 これがビートルズだ 中山康樹
1723 演技と演出——平田オリザ
1765 科学する麻雀——とつげき東北
1808 ジャズの名盤入門——中山康樹
1890 「天才」の育て方——五嶋節
1915 ベートーヴェンの交響曲——金聖響 玉木正之
1941 プロ野球の一流たち 二宮清純
1970 ビートルズの謎——中山康樹
1990 ロマン派の交響曲——金聖響 玉木正之
2007 落語論——堀井憲一郎
2045 マイケル・ジャクソン——西寺郷太
2055 世界の野菜を旅する 玉村豊男
2058 浮世絵は語る——浅野秀剛
2113 なぜ僕はドキュメンタリーを撮るのか——想田和弘
2132 マーラーの交響曲——金聖響 玉木正之
2210 騎手の一分——藤田伸二
2214 ツール・ド・フランス 山口和幸
2221 歌舞伎 家と血と藝 中川右介
2270 ロックの歴史——中山康樹
2282 ふしぎな国道——佐藤健太郎
2296 ニッポンの音楽——佐々木敦
2366 人が集まる建築——仙田満
2378 不屈の棋士——大川慎太郎
2381 138億年の音楽史 浦久俊彦
2389 ピアニストは語る ヴァレリー・アファナシエフ
2393 現代美術コレクター 高橋龍太郎
2399 ヒットの崩壊——柴那典
2404 本物の名湯ベスト100 石川理夫
2424 タロットの秘密——鏡リュウジ
2446 ピアノの名曲——イリーナ・メジューエワ

日本語・日本文化

P